我与幼教四十年

吴木琴 著

吉林人民出版社

图书在版编目（CIP）数据

我与幼教四十年 / 吴木琴著. -- 长春：吉林人民出版社，2025.4. -- ISBN 978-7-206-21951-1

I. G61-53

中国国家版本馆 CIP 数据核字第 2025WR5753 号

我与幼教四十年

WO YU YOUJIAO SISHI NIAN

著　　　者：	吴木琴
责任编辑：	孙　一　　　　装帧设计：书香力扬
出版发行：	吉林人民出版社（长春市人民大街 7548 号　邮政编码：130022）
印　　　刷：	四川科德彩色数码科技有限公司
开　　　本：	880mm×1230mm　1/32
印　　　张：	9.5　　　　　　　　字　　数：225 千字
标准书号：	ISBN 978-7-206-21951-1
版　　　次：	2025 年 4 月第 1 版　　印　次：2025 年 4 月第 1 次印刷
定　　　价：	58.00 元

如发现印装质量问题，影响阅读，请与出版社联系调换。

师者匠心，至真至善

李 季

　　吴木琴园长和她任职的茂名市第二幼儿园，就知名度和影响力而言，可以说是粤西幼教人的骄傲和广东省幼教界的一面旗帜。吴园长，广东省"百千万人才培养工程"名园长培养对象，省、市名园长工作室主持人，省、市劳模和工匠人才创新工作室领衔人；广东省特级教师、正高级教师，广东省南粤优秀幼儿教师，茂名市名校长，茂名市"热爱儿童"先进个人，茂名市"三八红旗手"。每一个光环的背后都可以看到一个富有教育家精神魅力园长的幼教情怀、专业素养和影响力。吴木琴园长带领的茂名市二幼，仅从其"3正5特8室"的团队——3名正高级教师，5名省特级教师，8名省、市名园长、名教师、名班主任工作室主持人，就足以展示他们的真功夫和硬实力。

　　初识吴园长，是10年前名园长省培讲座的一次课间交流。课间谈到儿童大脑左右脑神经系统有不同的心理功能定位，左脑主要是抽象逻辑思维功能区，右脑是具体形象思维功能区。而左右脑神经系统及其发育发展与身体肢体动作有交叉影响控制作用。吴园长给我讲了她的经历：她从小到大数学成绩一直名列前茅，或许就是源于小时候经常玩"抛棍子"游戏。玩这个游戏她可谓比遍全村无敌手。我说，"抛棍子"练就了你精巧的右手，特训了你的左脑抽象逻辑思维，而数学运算能力和成绩就是它的附属品。之后，与吴园长成了"同行"好朋友，与她的园长朋友圈有了更广泛的常态交流。2017年吴园长参加省"百千万人才培养工程"名园长培养对象时立项《积极心理学背景下的幼儿养成教育研究》课题，我们进行了深度交流探讨。再后来，吴园长在课题研究的基础上，结合新时代工匠精神，开发手脑并用的"传统工艺体验坊课程"，课程育人效果显著。前些年，我一直想创造机会来二幼参观学习，恰好2023年，应茂名市妇联邀请，受广东省妇联委托，送家教课到茂名时，应吴园长邀请实地直观感受了这个"工艺坊"通过体验课程培育小小工匠的魅力。

这次，承蒙吴园长邀请，有幸为《我与幼教四十年》这部著作作序。

当吴园长把书稿发给我时，粗览一遍，《幼教情缘》《学习体会》《经验总结》《交流分享》《致辞集锦》《发言选粹》六大板块合成的《我与幼教四十年》，与我头脑中的"著作范本"大相径庭。第一感觉，这只是一本叙事日记，平白无奇，不应该。再细读第二遍，渐入佳境：朴实无华的叙事日记里是"我的幼教生涯"的真实记载和真情言说，是一个个散发着40年幼教生涯每一个驿站的酸甜苦辣滋味。吴园长轻描淡写却如数家珍娓娓道来，有一种"淡妆浓抹总相宜"的感动和感悟。再来第三遍品阅时，惊觉其"绵里藏针"——朴实无华的叙说、金玉其中的内涵，让人感受到幼教人匠心育人的情怀和追求品质的专业基本功。

三读书稿，脑海中对吴园长已有几句话的"画像"栩栩如生，不由得不说出来——

一、幼教情怀总是诗，爱满天下步不停

吴园长在自序中说，《我与幼教四十年》是她给自己40年幼教生涯做的一个总结，其实里面更蕴含着一个幼教工作者的诗意育人情怀和爱满天下的幼教精神。

《缘起》《考试》《同学情》《挥别省城》《初出茅庐》《半路出家》《幼教能手》《快乐带班记》《自学考试》《欲逃难逃》《走出阴霾》《推普演讲比赛》《建造新楼》《改造环境》《奥尔夫音乐》《校长话创强》《音乐快板》《在研修中成长》《牵手体验多彩的世界》《实施"五个一"工程，打造家园共同体》《我们的"第一次"》《走进"安吉游戏" 悦见师幼成长》《芳华四秋，美善相传》，将《幼教情缘》这一个个真实、生动的叙事日记内容连成一体，就会发现："让我们回归最淳朴的教育，以教育的理想办有理想的教育，以教育的兴趣办有兴趣的教育，以教育的品位办有品位的教育，以教育的本真办有本真的教育，以教育的情怀办有情怀的教育，以教育的责任办有责任的教育。让幼儿园教师享有教育的幸福，让幼儿园的孩子享有幸福的教育。"2022年吴园长在茂名市首届幼教年会开幕式致辞中的一段发自肺腑的语言，表达的就是吴园长40年幼教历程带给我们的"幼教情怀总是诗，品格匠心育品质"的富有教育家精神的园长的幼教初心和理想追求。

二、开展自主游戏活动，自觉探索品质幼教之路

吴园长在《我与幼教四十年》中所表达出来的，是一个专家型幼教工作者和名园长的专业成长的真实写照及真诚的心路历程。

（一）创设动手游戏系列课程并形成了二幼亮丽办园特色。创设了青花坊、首饰坊、木工坊、剪纸坊、拓印坊、石艺坊、编织坊、扎染坊、建筑坊、陶艺坊、刺绣坊等传统文化和工艺体验坊18个，形成"美善育人 艺坊传创"工艺游戏课程和"一班一体验坊，一班一特色"的二幼办园特色品牌。

（二）积极探索品质幼教之路，促进教师专业成长，推动幼儿园高质量发展。从吴园长近20年来所探索的主题中，可以感受到一位"默默耕耘，不求什么回报，只希望自己耕耘的这片土地上长出的小苗苗能健康茁壮地成长，日后在社会上发光发热"的名园长心灵世界里至真至善的师者匠心和幼教情怀。

从2006年的《促进幼儿教师自主发展》，到2010年的《促进内涵发展 实现幼儿教育优质化》、2013年的《幼儿园的语言教学》、2017年的《积极心理学背景下的幼儿养成教育研究》，再到2019年，吴园长已经名满粤西幼教了，我特意邀请她加盟我主编的广东省妇联、教育厅系统关工委和省家教会联合编著的《教子有方家庭教育精品丛书》（幼儿版）的编写团队，发挥她的专业影响力。而2021年，吴园长又有了一大成果——《幼儿园开展思政教育初探》。

三、幼师基本功扎实，将幼教事业进行到底

吴园长在《我与幼教四十年》中的展示，其实是一份份深藏不露的"藏宝图"。从中采撷一粒果实，就能深深感受到

一个专业幼教工作者的匠心品质与专业内涵。

2023年中国县域学前教育高质量发展峰会暨第二届"健康校园·活力儿童"全国名园长·仙都论坛上，吴园长以"倾听儿童，相伴成长"为主题分享了幼儿园教师的倾听技术与案例。吴园长的分享，体现了一个20世纪80年代投身幼教事业的幼师生深厚的幼教情怀和扎实的专业基本功。吴园长也将这一分享内容收录在本书中，题为《做一个善于倾听的幼儿教师》。

读完《我与幼教四十年》，让我们有理由相信——师者匠心，至真至善：幼教情怀总是诗，热爱才是硬道理。

其实，这些年来，我有时也会不由自主地把自己当作是一个"幼教人"，因为——曾经主修过儿童发展心理学；主持过数期学前教育本科自考培训及课程辅导；作为顾问指导过著名的原广州军区政治部幼儿园（"三军"和全国示范园）并出版《创意学与教——幼儿多元素质整合发展活动课程》（获广东省教学成果奖一等奖）；指导广东省公安厅幼儿园"交通安全游戏"特色活动，出版《生命安全教育课程》，指导老师一年在《学前教育研究》核心期刊发表6篇文章；组织并主持过幼儿素质教育全国研讨会；创办过宏远外国语幼儿园；在核心期刊发表过《儿童早期学习论》《素质教育视野中的幼儿德育》等论文，出版《童心解读》著作；指导过幼儿园老师获得广东省幼儿园班主任能力大赛特等奖；担任过广东省教育厅幼儿教育专家委员会委员；为学院作领衔专家申请增设学前教育本科专业；指导帮助数十多家幼儿园成为省级园、示范园、品牌园。很多时候，我也会为此沾沾自喜。

然而，当我读完吴园长的《我与幼教四十年》一遍、二遍、三遍后，与吴园长40年"更多的是担责，是拼搏，是创新，是坚守"的情怀相比，越读越觉得自愧不如。吴园长成为名园长后坐在高校课堂，仍像读幼师时那样聚精会神地听课、一丝不苟地记笔记，下班之后仍习惯记录下所做过的关于幼儿体验探究式成长、关于幼儿园品质发展、关于教师专业自主成长、关于自我反思完善的每一件有意义的事、每一分感悟、每一样思考、每一次探索、每一点成长，更为难能可贵的是她40年如一日，不曾停步。这是何等矢志不渝的"咬定青山不放松"的专业信念！更重要的是，这些看似平常的真实记录之中蕴含的是至真至诚的幼教匠心情怀和扎扎实实的幼师基本功！与这些相比，我更觉汗颜，更想重回幼教课堂重温幼教梦。

吴园长，感谢您！因为《我与幼教四十年》的这篇序，我得以有机会面对面向您致敬，心灵对心灵地向您学习！

幼教初心情怀不变，爱满天下行者无疆。

以此为序，其实，是"悦"读有感。《我与幼教四十年》，值得一读。

2024年12月12日

（作者系广东省第二师范学院心理学教授、中国陶行知研究会未来教育专委会理事长、广东省家庭教育研究会会长）

自　序

从与幼教结缘，至今已有40个年头。回首这40年来与幼教的情缘，真是感慨万千！

从懵懂无知的少年时报读幼师，到青春烂漫的少女时就读幼师，再到活力四射的青年时从事幼教……如今，我已至迟暮之年，临近退休，这一路跌跌撞撞走来，经历了多少的人与事啊！我曾经迷茫，曾经彷徨，曾经退缩，甚至曾经两度想要逃离。然而，我更多的是担责，是拼搏，是创新，是坚守！

人的一生本该有三个40年，不过我觉得如果能有两个40年就已足矣，而我却把我这一生中最美好的40年的光阴都挥洒在了幼教这片沃土上。在这片土地上，我经历过很多风雨，也目睹过很多彩虹，然而，更多的是在风和日丽的日子中默默耕耘，不求什么回报，只希望在自己耕耘的这片土地上长出的小苗苗能健康茁壮地成长，日后在社会上发光发热！

40年的幼教之路，曾经给予我帮助的人数不胜数。感谢一直以来默默地给予我无限支持的家人！感谢当初带我入门的老师与同窗共读的同学！感谢曾经给予我关怀与支持的各级领导！感谢曾经给予我指导与帮助的各位专家与同行！感谢曾经给予我支持与配合的各位家长与朋友！更要感谢长期以来一直跟我并肩作战的各位同事！

就让这本《我与幼教四十年》来给自己40年的幼教生涯做个总结吧！

2024年11月10日

目录
contents

幼教情缘

缘　起	002
考　试	004
同学情	006
挥别省城	008
初出茅庐	010
半路出家	011
幼教能手	014
快乐带班记	017
自学考试	019
欲逃难逃	021
走出阴霾	024

推普演讲比赛	026
建造新楼	029
改造环境	031
奥尔夫音乐	033
校长话创强	037
音乐快板	041
在研修中成长	047
优秀传统文化之旅	057
牵手体验多彩的世界	060
实施"五个一"工程，打造家园共同体	065
我们的"第一次"	069
走进"安吉游戏" 悦见师幼成长	076
芳华四秩，美善相传	081

学习体会

校长班研修报告	100
在学习中发展	106
东湖论幼教	129
崭新的开始	135

学习动机		139
适合孩子的教育才是最好的教育		143
遵循规律		146
大社会是活教材		148
脑功能开发与素质训练		151
赓续红色基因　传承井冈山精神		154
关于幼儿园发展的思考		158
多方对话，提升自我		161

经验总结

促进幼儿教师自主发展		166
促进内涵发展　实现幼儿教育优质化		173
幼儿园的语言教学		180
幼儿园开展思政教育初探		187

交流分享

| 读书分享 | | 194 |
| 做一个善于倾听的幼儿教师 | | 201 |

| "1+2+2+7"研修模式驱动教师有效成长 | 218 |

致辞集锦

在庆"六一"文艺表演上的致辞	228
在首届读书节开幕式上的致辞	230
在首届优秀家长表彰大会上的致辞	232
在重阳节庆祝活动上的致辞	234
在第三届亲子健身徒步节开幕式上的致辞	236
在主题教育实践活动启动仪式上的致辞	238
在第二届读书节闭幕式上的致辞	240
在中秋亲子晚会上的致辞	242
在第三届家长代表大会上的致辞	243
在省工作室揭牌仪式上的致辞	246
在教师节庆祝活动上的致辞	248
在庆元旦文艺表演活动上的致辞	250
在"父母学堂"活动上的致辞	251
在茂名市首届幼教年会开幕式上的致辞	253
在家长沙龙活动上的致辞	255
在运动会开幕式上的致辞	257

在春季开学典礼上的致辞 | 259

在"青蓝工程"结拜仪式上的致辞 | 261

在"五四"青年节庆祝活动上的致辞 | 264

在毕业典礼上的致辞 | 266

在家园迎春联欢晚会上的致辞 | 268

在结营仪式上的致辞 | 270

在建园40周年艺术周文艺会演上的致辞 | 272

发言选粹

在茂名市百家劳模和工匠人才创新工作室联盟成立
仪式暨2022年劳模工匠迎春座谈会上的发言 | 276

在茂名市教育局党组理论学习中心组广东省第十三次
党代会精神专题学习会上的发言 | 278

在茂名市2023年"全民终身学习活动周"开幕式上
的发言 | 282

幼教情缘

缘 起

与幼教的情缘源于 1985 年那场"空前绝后"的考试。

记得那年招收师范生的考试是提前的，在五月份举行。这样的考试安排在这之前从没有过，在这之后也不再发生。在那个年代，农村的孩子要是能考个中专就可以农转非了！当时的非农户口是很吃香的，会有粮簿，每个月可以凭粮簿去买 20 多斤的廉价米。就为了这本粮簿，很多学习成绩好的农村孩子在上完初中后都会报考中专。我初中是在我们的镇重点中学就读的，我们的学校常常会以每年考上多少中专生为荣。因此，那年提前考师范，老师们都劝学习成绩好的学生去报考。我的学习成绩在班中也算名列前茅，一般在平时考试只考主科的时候会在全班前三名，到了期末考试所有的科目都算的时候就会排得后一点。我们的老师自然也不会放过我，也劝我报考。我本来的愿望是考卫校，认为考上卫校毕业后当一名"白衣天使"很神圣！不过，在老师的劝导下，我觉得去考一下，摸摸底，为中考做好充分的准备也未尝不可！所以，我就听从了老师的建议。

在报考选专业的时候，我们可以选报本市的普通师范及省城的幼儿师范、外语师范，我希望自己能去省城读书，所以只考虑幼师和外师。至于到底是报考幼师还是外师，我曾经回家征求过父亲的意见，我很清楚地记得他当时没有意见，只是让我自己去决定。现在回想起这一点，我就觉得在面临人生道路选择这么关键的时刻，父亲让一个只有 14 岁的孩子去选择，不知道他到底是过于尊重孩子还是他也不懂！后来因为我们班有个女同学想报考外师，于是我就决定报考幼师了！也就因为这个决定，我的往后一生就与幼教结下了不解之缘。

考 试

因为是抱着试一试的心态去考试，所以那场考试我一点儿都不觉得紧张。我记得每天都是自己骑着一辆自行车去考场，每考一门我都是试室里第一个交卷的。上午考完后我骑着自行车回家，自己做饭吃完后下午又去，根本不用家里人操心。

在考完试后的那段时间里，同学们都在埋头复习，准备迎接中考。可是，我却无心复习了，心里只想着不知道自己能不能考得上了。

好不容易有了面试名单的结果，里面有我的名字，于是我紧张地为面试做各种准备。其实那时自己真的是啥都不懂，只是胡乱地编了一个所谓的舞蹈，用生硬的动作去练习，还准备了一首歌曲。面试的时候是广州幼师的伍主任带队来做考官的。我只记得她拿着我的手指在钢琴上量了一下，说短了点。

面试完后去体检时，抽完血后，我居然晕倒在医院的球场上，幸亏被医生和同学发现，及时把我扶进病房给我吸氧，后来同学艳华又给我买面包吃，我才慢慢地恢复过来。但是却落下了害怕抽血的心理阴影。其实，回想起来，都是因为缺乏营养啊！一顿饭就吃两三分钱最多五分钱菜的伙食，对于正在长身体的少年来说，身体哪能好得了？

接下来，我又度过了一段漫长的等待结果的日子。在这个过程中，我在焦虑的情绪当中度过了一天又一天。

过了很久才等来了结果，全市只招两名考生，我居然是其中一名，这让我欣喜若狂。就这样，我这辈子在学校读了11年书，结果连中考都没考过，高考就更不用说了，所以，在11年的读书生涯中，没有留给我任何辛苦的记忆。

在那个年代，考上中专对于一个农村的孩子来说无疑是"鱼跃龙门"。况且我考取的是省城的学校，在我们这个村子里，我成了去省城读书的第一个女孩子。妈妈听到这个消息后，本来还生着病的，一下子居然高兴得痊愈了！

同学情

读幼师三年,最珍贵的是遇到了一群好同学。

在这三年当中,每当我遇到大挫折的时候,同学们都会热情地给我伸出援助的双手。

第一个大挫折是我的右脚摔伤,导致骨折,骨折后的很长一段时间都没办法走路。当时,同宿舍的同学就轮流背我去上课,我们住的宿舍是三楼,而上课的教室是五楼,她们硬是用她们柔弱的双肩把我背下三楼,然后又背上五楼去上课。广州的一个名叫小宇的同学周末回家的时候,还在家煮猪骨汤带来学校给我补钙。她们的发自内心的"雪中送炭",令我感动不已,而且终生难忘。

我遇到的第二个大挫折是爸爸去世。记得那本来是一个很平常的课间,教导处的伍主任把我叫到办公室,给我递上一份电报,只见电报上写着六个字:"父亲去世,速回!"这扎眼的六个字对于我来说简直就是晴天霹雳,我当场号啕大哭。后来,是同学帮我买了回家的车票,护送我到车站坐车回家。怀着万分悲痛的心情在家办完丧事回到学校后,在班主任的带领下,同学们居然给我捐了300多块钱。要知道,300多块钱在当时对于我来说,算是一笔"巨款"了!对于同学们的这份深情厚谊,我都不知道该怎么回报。这笔钱我一直压在箱底,直到毕业前的一个星期,我才拿出来买了38份礼物，送给了班上的每一位同学作留念。

就这样，在那三年里，同学们陪我渡过了一个个的难关！

平时，她们有什么好东西也会慷慨地分享给我。比如，秀秀每周回家都会带来一盒饼干。在那个年代，饼干对于我们来说，是最奢侈的零食了！广州的很多同学从家带来的饼干都会在学校吃一个星期，而秀秀带来的饼干却会分给我和莉莉（我们宿舍仅有的两名外地同学），我们一个晚上就吃完了！现在回想起来都觉得那些饼干非常美味！另外，阿玲则会经常带一些半新不旧的衣服给我穿。因为我们家里穷，没什么钱买新衣服，她送给我的那些衣服我觉得已经是很漂亮的了！

三年的美好读书时光稍纵即逝，如今再回头看，已经过去了三十多年。这三十多年来，虽然经历了人生百事，然而，同学们的那份恩情我至今难忘！感恩上天让我们在最烂漫的岁月遇见彼此！感恩她们在我受挫的时候给予我帮助！感恩她们在我贫穷的时候给予我馈赠！这份纯真的同学情，我将永远铭记！

挥别省城

在广州幼师读了三年，那里留下了我青春年少时所有美好的记忆。

在那里，我学会了唱歌、跳舞、画画、弹钢琴；在那里，我掌握了很多与幼教相关的知识；在那里，我遇见了很多给我解惑授业的良师；在那里，我结交了很多与我同甘共苦的好友。我一直都觉得，读幼师是一件很美好的事情。到毕业的时候，对于要离开学校，我是万般不舍的！然而，由于我始终放不下家里人，所以，只能怀着矛盾的心情回到了久别的茂名。

从繁华的大都市回到一个小城，我当时是很不习惯的。我清楚地记得那时回来看到的茂名，街上的灯光是惨白惨白的，连一盏有颜色的饰灯都没有。在大街上看到的所有的男性穿的裤子都是深蓝色的。记得那时我骑着自行车去逛街，去到油城六路时就走到城市的尽头了！这座小城，似乎一切都是那么的单调。这令我对广州幼师的读书生活就更留恋了！然而，我始终要面对现实，始终要回到生于斯长于斯的家乡参加工作。

我刚回来时，还不甘心服从组织的分配，不想在市里的幼儿园工作，还到处去打听石油公司的幼儿园，甚至是电厂的幼儿园，后来了解到那些幼儿园都不能进，所以，拖到最后一天才无奈地去教育局报到。只是多年以后才体会到原来那是最好的安排。

就这样，我在这座小城一待就是三十多年。这座城市也由当初的窄小、单调与沉寂，变得越来越宽阔、丰富与繁华，还变得越来越美丽、越来越有内涵。我也慢慢地爱上了这里，并安心地扎根于此从事我的幼教事业。

这么多年来，虽然我不再在广州生活，但是，平时出差和学习去得最多的也还是广州。而每次去广州，我对那里都会有一种熟悉感和亲切感，除了我的故乡，那里是我待的时间最长的城市。因此，广州似乎也成了我的第二故乡。不管怎么说，我从事了一辈子的幼教事业都是源于在那里打下了深厚的基础。我爱广州！

初出茅庐

踏入茂名市第一幼儿园，是我人生的一个大转折。我从一名读了11年书的学生摇身一变，成了一名幼儿园教师。

第一次进一幼的时候，最深的印象就是校园里面长了很多很高的杂草，所以入职一幼要做的第一项工作就是割草和拔草。

我们这一届茂名就两名学生考上广州幼师，我和罗虹云。巧合的是，我们两个也同时被分配到了一幼。刚到幼儿园不久，张主任就跟我们谈话，说我们刚毕业出来，是一张白纸，要描成怎么样，就看我们自己的了！希望我们能努力描好这张纸。过了几天，我见到的领导还是张主任，我心里就想，怎么来了幼儿园这么多天都见不到一把手呢？后来才知道张主任就是幼儿园的一把手，那时在一幼没有"园长"这个称呼。我们进一幼一年半后，张主任就退休了，所以对她的印象不是很多。不过，我清楚地记得，每当有教职工生病住院的时候，她都会带着大家一起去探望，是一位很关心职工疾苦的园长。当然，这是后话了。

开学后第一天正式上班，我值的是中午班。当我把孩子们带进睡室的时候，我居然搞了半天都没办法让他们安静下来睡觉，整个睡室闹哄哄的，我只感到自己束手无策！幸好后来隔壁班的柯华老师过来让孩子们安静下来！我这才顺利地值完了那天的午睡。

就这样，我开启了我的幼师生涯。

半路出家

带了两年班后,由于幼儿园要排练舞蹈节目参加市里的比赛,我被抽出来当了舞蹈老师。

因为我在读幼师的第一个月的第三周就摔伤了脚,一年多以后才治好,所以我在那一年多的时间里都没上过舞蹈课,没练过基本功。没想到跳舞那么差的我居然要当舞蹈老师,我只能硬着头皮上。那时,我一边教孩子们跳舞,一边自己暗自练基本功。跟我一起排练的简珙老师非常聪明,总能想出很多好点子。我跟着她去广州请教老师指导编排,回来后再在此基础上进行创编和尝试,就这样用了两个多月的时间编排了两个舞蹈:《喇叭花》和《鸡公仔》。后来我们参加茂名市首届少儿艺术花会,这两个舞蹈居然获得了第一、第二名的好成绩,我们像是一炮打响,一下子就引起了同行的注意。也许正因为这样,后来只要有演出或者比赛任务,园长都安排我编排舞蹈,直到我担任副园长的职务之后才停止。

在负责舞蹈编排的那几年里,我一个没怎么学过舞蹈的人,要理论没理论,要经验没经验,要技巧没技巧。可是,我却既要创编舞蹈,又要找音乐,还要设计服装和道具,我常常都感到自己力不从心,简直就是榨干脑汁都想不到一个好点子来。我都不知道那几年我是怎么摸爬滚打过来的,后来只要说起创编舞蹈我都会谈虎色变。

不过，在这个过程中，我还是积累了一些经验。

首先是舞蹈的创作离不开生活。我像个大孩子一样，与幼儿共同生活、学习、游戏等。在此过程中，我细心地观察、体验、研究孩子们美丽的内心世界，从中受启发，找灵感来构思作品。此外，我还张开自己的各种感官，投入到生活中去，做生活的有心人，在接触各种事物的过程中积累材料或引发创作冲动。如：在一次舞蹈作品点评座谈会上，灵感突发，冒出了个编《不倒翁》的点子；偶然听到一首世界名曲《玩具进行曲》而思潮猛涌，构思了舞蹈《玩具兵》。

其次是要根据幼儿的生理和心理特点来对幼儿进行舞蹈训练和排练。为了让孩子们掌握各种正确的舞蹈姿势和舞蹈技能，发展幼儿动作的敏捷性和协调性，我们自编了一套活动量适度的基本功训练动作，每天对幼儿进行基本功训练。并且，在教舞蹈动作的时候，要耐心地示范，对于稍难或复杂的动作要分解开来，并按顺序来教，从而使孩子们把动作学得既准确又完整。

为了提高编舞能力，我还积极参加各种舞蹈培训班学习，比如：赴深圳参加少儿舞蹈创编研讨班；赴广州参加广州舞蹈学校举办的为期一个月的舞蹈编导班；赴北京参加中国舞蹈协会举办的少儿舞蹈短训班等。

那几年，我在舞蹈编排方面确实倾注了很多心血，为了创编好一个舞蹈，常常挖空心思，绞尽脑汁，甚至夜不能寐。在排练的过程中，更是跳得汗流浃背，疲惫不堪。为了出色地完成编排任务，也不知道牺牲了多少节假日休息时间。

功夫不负有心人，最后我还是用自己的干劲和汗水在这方面取得了不少荣誉，也把我们幼儿园的艺术教育推上了一个新台阶：1990年，创编的舞蹈在市"六一"文艺会演中获得二等奖，改编的舞蹈《快乐的小山羊》获三等奖，《分果果》代表市参加省第二届"羊城少儿艺术花会"会演获得蓓蕾奖；1991年，创编的《喇叭花》《鸡公仔》参加市首届少儿艺术花会表演赛获得优秀蓓蕾奖，《喇叭花》还被选到省上参加业余文艺作品评选并荣获二等奖；1993年，创编的《不倒翁》《小天鹅》参加市第二届少儿艺术花会表演赛分别荣获一等奖和二等奖，《不倒翁》参加省第三届少儿艺术花会演出荣获优秀蓓蕾奖，我个人也获得省优秀辅导员奖；1996年，编排的舞蹈《好朋友》《玩具兵》分别获市第三届少儿艺术花会二等奖、三等奖，我个人被评为市优秀辅导员；1998年，编排的舞蹈《顽皮的小老鼠》《生日的童话》和儿童剧《种西瓜》分别获得市直小学、幼儿园庆"六一"文艺会演一、二、三等奖，另外，我撰写的《浅谈儿童舞蹈编导》也获得了市首届幼教年会论文评比一等奖并在《茂名日报》刊登。

幼教能手

参加幼教能手比赛要从一场故事比赛说起。

市教育局组织全市幼儿园教师参加故事比赛,首先是各县(区)进行初赛,然后再挑选优秀选手代表参加全市的总决赛。我们幼儿园推选了我去参加市直赛区的比赛。我讲了一个普通的儿童故事,至于是什么故事我现在已经记不起来了,肯定不怎么出彩。比赛公布结果时,我得了第三名。我自己倒不怎么在乎,可是我们的许园长却伤心得哭了!要知道,我们的许园长可是一个女强人来的,平时可是有泪不轻弹的!没想到她居然为我的比赛没有取得她预想的好成绩而哭了!她的眼泪激起了我要奋起直追的决心。

于是,为了在总决赛的时候能够取得好成绩,我换了一个故事,换成了讲《卖火柴的小女孩》。我从一个段落到一个句子,再到一个词语甚至是到一个字去推敲怎么去讲述这个故事,尽情去演绎这个故事所表达的情感、所蕴含的意境和小女孩的凄惨与希望。下班后我一遍一遍地练习,有时在课室练,有时在宿舍练,有时还跑上空旷的楼顶去练,就这样刻苦地练了一段时间。到了总决赛那天,当我走上舞台的时候,刚开始讲故事时台下还有一些人在讲话,慢慢地,声音变少了,后来简直就是鸦雀无声了!讲到后面,我发现有很多人在擦眼泪了!他们都被我讲得动情到哭了！结果，在初赛的时候拿第三名成绩的我，到了总决赛的时候居然拿了个冠军。这下，我们的许园长就开怀大笑了！当然，我的内心也很雀跃，这毕竟是我人生当中取得的第一个冠军奖项。

隔了一段时间后，教育局又组织幼教技能比赛，这次比赛的项目就比较多了，主要有两大项：音乐和美术。其中音乐又包含声乐、器乐和舞蹈，美术则包括绘画、纸工和泥工。参赛者可以只选择音乐或美术的其中一项参加，也可两项都参加。如果是之前的故事比赛，以及这次的音乐和美术两项比赛都参加，且排名在前三位的话，则会被评为"幼教能手"。因为我已经参加故事比赛且取得好成绩了，自我感觉音乐还可以，美术则一般，但是我还是想挑战一下自己，我们的园长也极力鼓励我参加全能比赛。于是，我便开始踏上了艰难的备赛之路。

唱歌、弹钢琴、跳舞、画画、做纸工和泥工，六个项目同时要备赛，我觉得那些日子简直就不是人过的！本来在这之前的业余生活是多姿多彩的，宿舍也是经常高朋满座的。可是，因为备赛我却要闭关了，过起了几乎与外界隔绝的苦练基本功的生活。每天下班后，我就把自己关在宿舍或音乐室，一遍一遍地练习，练了一项又一项，我恨不得把一分钟分成60份来用。在这个过程中，还因为练舞不小心摔伤了一次，导致我有一段时间没办法跳舞。记得我练的舞蹈是《葬花吟》，当时就有一位教育局的领导说我不用装扮都像林黛玉了，可见我那时是多么瘦弱！后来又感冒了一次，还引起了喉咙严重发炎，连说话都感到困难，于是又不得不停止练习唱歌。不过，当我练不了其中一项的时候，我就练其他五项；当我练不了其中两项的时候我就练其他四项。就这样，我带病坚持艰难备赛。经过一段时间没日没夜的练习后，我各方面的技能都得到了提高，顺利地从初赛进入总决赛。参加总决赛的时候，我取得了音乐一等奖、美术二等奖的成绩，再加上之前的故事冠军的成绩，我最终获得了"幼教能手"这个称号，而全市获得这个称号的幼儿园教师只有三名。

至此，茂名市首届幼教能手比赛降下了帷幕，如愿以偿的我则走上了幼教的新征程。

快乐带班记

虽然我在幼教岗位上工作了 30 多年，但是由于经常要被抽出来编排舞蹈，参加工作 7 年后就当了园长助理，参加工作 9 年后当了副园长。所以，我完完全全待在一个班带孩子的时间却并不多，一共也就四五年而已！然而，我觉得这 30 多年来，我最开心的时光就是在 1993 年秋季学期带一个小班的一年里。

记得那时的班额很小，我们班只有 22 人。然而，保教人员却很充足，有两个老师、一个配班、一个保育员，共 4 人。和我搭班的是一位快要退休的老教师，可我却戏称她为小李，而她则叫我老吴。我们的配班是一位很幽默的保育员，经常说各种笑话逗得我们笑不拢嘴。有时还拿一根小绳子来量她的腿和我的腰，说我的腰都不够她的腿粗。就是这样，我们几个保教人员相处得很和谐，很快乐！

而令我感到最开心的是我们还有着一群天真烂漫、活泼可爱的孩子们。每天，我们带着孩子们一起上课，一起玩游戏，一起到户外开展体育活动，有时甚至还到园外的大街上溜达。他们虽然还很小，却表现得雏形各异了！小辉很调皮，却是个"故事大王"，讲故事讲得有声有色；竣竣最聪明，回答问题总是最快最准，普通话也讲得非常地道；丹丹比较胆小，性格温和……

在这班孩子当中，最可爱的就要数陈环了！他说的话总是那么可笑，让我忍俊不禁，他简直成了我的"开心果"。记得有一天中午午睡的时候他坐在床边，突然说："老师，我想吃一只猴子心。"这想法也太奇特了吧！还有一次他对着我说："吴老师，等我长大后，我要用东风牌汽车拉一车草莓给你吃。"应该是他很喜欢吃草莓，所以也想送很多草莓给我吃吧！厉害的是他这么小居然就懂得东风牌汽车可以装很多东西了！更有一次他跟我说："吴老师，等我长大后我要跟你结婚。"听到他说这句话，我差点没被呛着！这么小就知道结婚了，长大后跟我结婚是不可能的，不过从中可以看出他也很喜欢我吧！

陈环这孩子长大后确实多次回头找过我，考上大学的时候给我打过电话，向我报喜。他本来想来幼儿园看我的，不过刚好我出差，所以就没有见面。后来他复习考公务员的时候又找过我，想让我给点建议。那时他是一边工作一边复习，我建议他干脆把工作辞掉，专心在家复习半年，然后去考试。后来，他如愿以偿，考上了公务员。考上后他又打电话向我报喜。做一名老师，最欣慰的莫过于不断听到学生成长成才的好消息了！我只在陈环三四岁的时候教过他，而他则在后来的二十多年里的几个关键时刻都想起我，作为一名幼儿园老师，我已经感到非常满足了！也许，这就是做老师的幸福吧！

可见，这群孩子既给了我一年最开心的时光，又给了我二三十年最幸福的回忆！我爱他们！

自学考试

这辈子最遗憾的事就是只在学校读了 11 年书。虽然当年考上幼师是一件很荣幸的事，但是全日制学历只是中专，所以，我很早就有了要提升学历的意识。参加工作两年后，我就报了自学考试。由于那时很喜欢文学，所以我报读了中山大学的汉语言文学。

边工作边学习并参加考试，不能不说是一种考验。

记得那个年代业余时间是很轻松惬意的，每到晚上我们的生活都是很欢乐的！我们几个年轻的老师同时住在幼儿园的集体宿舍，我们戏称其为"四合院"。晚上只要我们在宿舍，那么楼下都会摆满自行车，我们的"四合院"都会高朋满座，每个人的朋友都是大家的朋友。大家聚在一起说说笑笑，天南地北乱侃一通，要多快乐有多快乐！有时大家也会一起出去跳交谊舞（当年很时兴）。在这种状态下，如果要学习和考试的话，则要在喧闹中把自己一个人关在课室里啃书本，那时觉得这很像"苦行僧"的生活，有时觉得自己真的有点难以抵御住那些快乐的诱惑。但我最终还是坚持去参加自学考试了！

可是开始学习后才深深体会到那是一种难度很大的考试，因为没有老师，没有考试范围，每一个科目的整本书任何一个地方的内容都有可能成为考题，但是我又不可能把整本书都背熟，所以很多时候考试就靠蒙。开始时都还算顺利，都能考及格，有些科目甚至还考了90多分。后来因为种种原因，晚上学习的时间减少了，学习也没那么专注了，我的考试成绩就慢慢下滑了！后来居然有一门考了58分，这对于我来说是一种很大的打击，因为在我的读书生涯中，从来就不存在"不及格"这三个字眼，我很久都没办法接受这个残酷的事实。我的自信心也受到了很大的打击，以至于我的学习和考试时间越拖越长，就一个专科的学习就用了4年的时间才毕业。

在学校的11年读书历程中，在我的脑海里根本就不存在辛苦的记忆。可是，参加自学考试的4年，却让我尝尽了苦头，让我深感这是一条最艰难的学习之路。我在心里发誓，如果还有来生，我绝对不再参加自学考试。然而，过了几年后，我还是又报了中山大学汉语言文学的本科自学考试。不过，这一次因为参加了相关辅导班的学习，中山大学不定期有教授利用周末的时间来茂名给我们授课，我的学习顺利了很多，我只用了一年半的时间就通过了本科的考试，是取得本科毕业学习时间最短的了！

几年的自学考试虽然历经曲折，同时也付出了很多业余时间，可我还是收获颇丰，既提升了自己的学历，又提高了自己的文学水平，练好了自己的文字功夫，为后来做好写总结、论文、报告等需要用文字来表达的工作奠定了良好的基础。所以，我还是很庆幸自己参加了两次令自己刻骨铭心的自学考试。

欲逃难逃

当幼师有当幼师的幸福，但是当幼师又有当幼师的烦恼。

当幼师与当其他学段的老师不一样，其他学段的老师只要把一个科目教好就行了！可是当幼儿园的老师却要"十八般武艺"样样都懂，什么科目都要教，还要管孩子们的吃喝拉撒睡，保障孩子们的安全，还要会创设班级环境、做家长工作、写各种计划总结等，工作很烦琐，压力很大。有时要是遇上领导的批评和家长的不理解还会觉得很委屈！这些都是当幼师的烦恼吧！曾经有一段时间，我烦恼到恨不得马上离开这个行业，转行去从事其他职业。当时的想法就是，只要离开幼儿园就行了，去哪里都没关系！

那时刚好广播电视台要招电台客座主持人，电台主持人可是个令人羡慕的职业，因此我很想去试一试。但是我知道的时候人家已经考完笔试了，可我还是不死心，便找了个在电视台工作的朋友引荐。记得去见电台领导的时候，我拿了一袋荣誉证书，没想到那领导见了我那袋荣誉证书后，居然破例让不参加笔试的我直接进入培训班学习，待培训班学习完毕参加面试再决定是否录取我。非常感谢那位领导给了我踏进那个门槛的难得机会！后来我没有辜负我的热心朋友和那位英明的领导，认真参加培训班学习，用心做好面试的准备。结果我通过了面试，顺利地成了电台的客座主持人。

因为做的是客座主持人,所以我做节目用的都是业余时间,不影响幼儿园的工作。在选栏目的时候其实我是很想做晚上的情感类节目的,但是电台的领导觉得我是幼儿园老师,做少儿节目会更合适。于是我就做起了少儿节目的客座主持人,每周的周六下午去电台上半天班。我们的栏目的名称叫《快乐穿梭机》,我给自己起了个艺名,叫古琴,小朋友们都亲热地叫我古琴姐姐。在做节目期间,我还收获了一批"小粉丝",他们还给我寄了很多明信片,非常可爱!

我们的园长得知我去电台做主持人后,有点在意,常常悄悄地收听我的节目。也许是舍不得放我走吧!在那一年后就任我当了园长助理,再过两年又提拔我当了副园长。园长的器重令我不好意思再离开,似乎不全身心做好工作会辜负她的期望。于是,我无奈地辞掉了电台的兼职工作。电台的领导很舍不得我辞职,多次劝说我留下。毕竟我在电台做三年客座主持人,也取得了不少的成绩:第一年编导的少儿节目《做个好孩子》就获得了茂名新闻奖一等奖和广东新闻奖三等奖,这是一个突破,因为这个栏目在这之前从来都没有获过省级奖项,就算是获得市级的奖励都很少;第二年编导的少儿节目《我爱妈妈》获得了茂名新闻奖三等奖;第三年编导的少儿节目《快乐的动物园》又获得了茂名新闻奖一等奖和广东新闻奖三等奖。可能也是因为这个,以至于后来几年我不在电台做节目了,他们每次做参赛准备的时候都还来找我给建议。

至此,我第一次想逃离幼儿园的计划就这样无疾而终了!

任副园长后,我认真履行岗位职责,勤勤恳恳地工作,带着老师们进行各项教育教学改革,开展了很多富有创意的工作,还把幼儿园大大小小的事都揽在身上。这样过了几年后，也许是又觉得有很多的不如意，我又打起了离开幼儿园的念头。有一位在银行工作的朋友，他们那里的办公室刚好需要物色一位文员，我思前想后的，最后还是觉得就算是低就了也没关系。于是便去见了他们的领导，没想到他们的领导见了我一面便同意我去上班了，顺利到我简直不敢相信！

我鼓足勇气回幼儿园把自己的想法告诉了园长，让我感到惊讶的是，园长想都没想就应允了我，令我心中大喜！可是，当我从她的办公室出来后，她就关上门足足打了一天的电话。到了第二天，她居然这样跟我说："你想调走的事情要从长计议！"这无异于给我泼了一盆冷水，令我连心都冷了半截！这一计议就计议了几个月，银行那边不停地催我去上班，而园长却迟迟不肯放人。后来她居然说她也想调走！给我杀了个措手不及！教育局的领导知道了我们两位园长的想法后，就下令说，要不就我们其中的一位走，要不就两位都不能走，但是绝对不能两位同时走。

最后，在那年的国庆节假期后上班的第一天，教育局局长就把我们两位都叫到了他的办公室。我清清楚楚地记得，我坐在门口旁边的沙发上，听局长说，园长调到教育局上班，而我则要留在幼儿园主管全面工作。我不记得我是怎么走出局长的办公室的了，反正在这之后的一个星期里，我由失望到失落到彷徨到迷茫到痛定思痛，好不容易才缓过劲来！

至此，我第二次想逃离幼儿园的计划又以失败告终！

那时我就想，也许我跟幼教的情缘太深了！这辈子都别想离开幼儿园了！

走出阴霾

担任园长的工作对于我来说是迫不得已的，因此，我感到自己很憋屈。

那时，我的性格非常软弱，跟之前的园长的女强人形象形成鲜明的对比。因此，刚上任时，习惯了原来园长的管理方式的教职员工不怎么把我放在眼里，有点放飞自我，上班想迟到的迟到，想聊天的聊天，想串岗的串岗。开始我先观察他们的表现，不声张！不过我越看越生气，后来终于在一次观摩课的讨论会上忍无可忍地发飙了！我非常严肃地对他们说："你们知道你们这段时间的表现是怎么样的吗？简直就是和尚撑伞！你们知道和尚撑伞是什么意思吗？"他们面面相觑，没有一个人回答得上来。我说："和尚撑伞就是无法无天！你们回头想想这段时间自己上班是怎么样的？"他们看到平时那么柔弱的我一下子变得那么严厉，一个个都不敢吭声了！也就是通过这么一次批评，他们领教了我也有"淫威"后，就再也不敢"造次"了！大家的工作又回到了正轨上。

那时，我们幼儿园的招生陷入困境。20世纪90年代中后期，地处旧城区河西的我们，招生越来越困难，有几年还要上街派发招生宣传单，教职员工还要完成招生指标。我上任之初就是处于这种状态。刚开始时我也没去想过怎么扭转这种局面，我只是用心地把每一项工作尽量做到最好。想不到的是，在过了几个月的第二年春季，我们幼儿园居然扩了一个班，这可是有史以来第一次，这还是在没有做任何宣传的情况下！这给了我很大的信心，也促使我后来大胆地做了很多招生改革。我尝试着一步步地减少教职员工的招生任务，一步步地减少上街派发招生宣传单的次数。庆幸的是，我的这些措施都一步步地取得成效，虽然员工的任务减少了，上街宣传的次数减少了，但是我们招生的人数却并没减少，反而还逐渐增多。后来我们还买了接送车，住得很远的幼儿都因为可以坐接送车而报读我园。

那时，我们幼儿园的环境很破旧。全园共有四栋楼，但是却有两栋楼建于开园之初，一栋楼建于20世纪70年代，都是漏水严重的了！我找相关部门对那三栋楼进行了鉴定，结果三栋楼都是C级危房了。为了确保师生的安全，我马上写了报告，向教育局领导反映我们的情况，申请教育局支持我们进行危房改造。局领导很重视，没多久就批复同意我们拆旧建新了！

就这样，随着一项项工作的顺利开展、一个个问题的迎刃而解，我终于走出了心理的阴霾，慢慢地适应了"园长"这个工作岗位。

推普演讲比赛

市教育局在开展各种提高师资队伍素质的工作中，经常会组织演讲比赛，通过演讲来提高大家的认识。2004年，市教育局组织了直属学校首届"校园风采"普通话演讲比赛，参赛人员是各级各类学校的正、副校（园）长。当时我们幼儿园只有我一名园长，所以我无可推托，只能参加。这是我第一次参加演讲比赛，从定题材到写稿子到练习演讲，整个过程我都觉得很痛苦。不过比赛完后再回头看，就觉得这也是对自己的一种锤炼。令我感到意外的是，我居然获得了此次比赛的特等奖。

以下是我的演讲稿。

咬定改革不放松

在21世纪的今天，中国的教育已被置于前所未有的重要地位。从普通教师到专家学者，从平民百姓到国家领导，从城镇到乡村，从塞北到江南，几乎都达成一个这样的共识：教育，兴国之本。

然而，如何更好地提升教育、如何更好地发展教育呢？我认为，其中最为关键的是：教育改革。

还是先允许我从我们一幼说起吧！我们一幼，几乎与茂名市同龄，已走过44个春秋。回忆当年，一幼作为市政府机关幼儿园，也曾有过辉煌的鼎盛时期。那时要进一幼，有些家长形容说：比进大学还难。然而，到了20世纪90年代后期，私办幼儿园如雨后春笋，大量涌现。这些私办园虽然质量不高，但收费很低，对公立幼儿园造成很大冲击。另一方面，随着市区东移，河西居民逐渐减少，河东家长往往就近送孩子入园。这两大因素，使一幼当年的优势荡然无存，招生工作一落千丈，从以往的两天招满200人到后来的两天只招20人，面对如此悬殊的差异，我们不能不忧虑，不能不焦急啊！难道真的是十年河西十年河东吗？难道一幼就真的今非昔比，不再辉煌了吗？

不，我们一定要再创辉煌！"众人拾柴火焰高"，为了寻找出路，我们召开了全员职工"诸葛亮"会议，发动他们献计献策。最后，大家讨论的结果凝结为八个字：全面改革，再造优势。

为了再造优势，我们建立健全管理体制。建立完备的组织系统，实行分层管理；建立完备的规章制度，实行规范管理；建立完备的目标体系，实行科学管理。

为了再造优势，我们着力更新教师观念。通过抓学习，抓教研，更新教师的儿童观、教育观、课程观、人才观，提高他们的整体素质。

为了再造优势，我们全面改革教育体系。以实现素质教育为宗旨，改革教育目标、教育内容、教育方法、教育形式，促进幼儿体、智、德、美全面发展。

天道酬勤，春华秋实！随着一项项措施的落实，我们的改革之歌汇成了一曲动人的交响乐。

在改革的旋律中，师德师风令人称道。师风好，莫过于以生为本；师德高，莫过于爱生如子。对孩子，我们的老师做到了不是慈母胜似慈母。有一个叫明明的小朋友，出生不久后父母就离婚了，他被判给爸爸。没妈的孩子像根草，这孩子入园时发育不良，瘦弱多病。

为了使可怜的小明明健康成长，我们老师把他当作"心肝宝贝"一样呵护：热了，帮他擦汗；冷了，给他添衣；饿了，喂他吃饭；病了，带他看医生……有一次，明明发高烧住医院，我们的老师日夜守在他身边。他妈妈知道后，赶来医院探望，看到明明后想伸手抱抱，但明明却挣脱妈妈的手，扑向老师，哭着说："我不要妈妈，我要老师，我要老师！"多么感人的师生情！多么动人的师生爱！

在改革的旋律中，爱岗敬业蔚然成风。我园有位叫杨丽明的老师，经常感到下腹疼痛，我们一再催促她到医院检查，但她说幼儿园人手紧，一个萝卜一个坑，脱不开身，直到病情严重，才到医院检查，原来患了子宫癌。在住院期间，我们经常去看望她，一次，她拉着我的手，说："园长，您说，我还能再回幼儿园给孩子们上课吗？我天天都想着幼儿园，天天都想着孩子们啊！"我听了既感动又心酸，患了如此重病，心中挂念的还是幼儿园，还是孩子们。这，就是我们一幼的老师，他们的爱岗之举，他们的敬业精神，令人动容！令人赞叹！

在改革的旋律中，教育水平突飞猛进。这几年，我们的教学成果获得全国、全省、全市奖励的达700多项，教师获得市级以上奖励的也达200多人次。

在改革的旋律中，招生工作节节上升。现在我们的幼儿园已从原来的400多人增加到近700人，创历史最高纪录，其中一半幼儿家住河东，这些家长为什么舍近求远把孩子送来我们一幼呢？他们说："把孩子送去一幼，我们放心！"

如果说一幼的再造优势已初见成效，如果说一幼的办园水平已获得社会认可，那么首要功劳应归改革。改革路漫漫，改革关重重！但是，青山遮不住，毕竟东流去！只要我们咬定改革不放松，那么，一幼的教育事业，一定会迎来一片更加美丽的蓝天！

2004年3月2日

建造新楼

拆旧建新既是一件让人充满希望的事情，又是一件过程很艰辛的事情。

教育局领导同意我们立项建造新楼后，我就开始着手做前期的准备工作。为了使我们的新楼设计既实用又美观，我带着一位老师专门去深圳参观幼儿园。我们一共参观了10所幼儿园，既看那些幼儿园教学楼的外形设计，又看他们的室内设计。我们博采众长，在后来的设计环节给出了很多科学合理的意见给设计师。也许正因为这样，我们后来建好的教学楼既有独特而又充满童话色彩的外形，又有实用而又宽敞明亮的室内场所。

然而，从筹备到竣工，却是一个非常漫长而又艰难曲折的过程。

首先，我们花了很长时间才成功立项。正式立项前，教育局的一位领导问我："你能够保证建好楼以后，幼儿园10年内每年都能有700人吗？"我毫不犹豫地说："可以！"虽然我回答得很快，但事实上我是心中没底的，因为当时我们幼儿园只有400多人，而且还处于招生困难期。然而，后来幼儿园的规模不仅仅有了700人，而且曾经一度超过1000人，事实证明我当时的回答是正确的。

好不容易动工后，挖满堂红基础的时候却遇到了很高水位的地下水，不得不临时改为挖桩。可是，由于当时临近年关，挖桩又遇到了很多麻烦。所以，光是做个基础都花了好几个月的时间。后来在整个建造的过程中遇到数不胜数的问题，具体的细节我已经记不清楚，但我记得每个问题的解决都花了很长时间，前后历经了六个春秋才建好那栋楼，以至于我曾经一度说："就算以后谁给我一千万，让我再建一栋楼，我都不建了！"可见建这一栋楼让我想起都感到后怕。

不过，先苦后甜，建好这一栋楼以后，幼儿园的环境发生了质的飞跃。这栋楼共有6000多平方米，可以容纳18个教学班，还有半层楼可做办公室，半层楼可做功能室，另外还有一个两层楼高的大音乐厅，一楼还有几百平方米的敞开式活动场地。可以说，光是这一栋楼，就满足了幼儿和教师室内活动的所有用途。况且，每个班的活动场地都配套完备，有教室、寝室、杂物室、厕所、阳台，每个班的教室门口还有一块很大的地方给孩子们自由活动。能够在这样的室内空间生活和学习，孩子们是很幸福的！

幸亏那时建了这么一栋楼，给一幼带来了可持续发展的环境。后来，河西已经不能再立项建造楼房。如果没有这一栋楼，我不敢想象后来的一幼会变成什么样。

改造环境

新楼建好后，幼儿园的户外环境还很糟糕，需要大力改造！

新楼周边全是泥地，连一块水泥地板都没有。因为资金紧缺，为了省钱，我就规划在周边修一条符合消防通道标准的四米宽的水泥路，然后剩下的泥地全部种上花草树木。种这些花草我找了一个园林设计师，我给她的要求是一年四季都要有花开，整体要既经济又美观。这些要求设计方案都达到了！此后的一幼确实是一年四季都有灿烂的鲜花，春天的串钱柳开得特别艳丽，与旁边的紫荆花竞相争艳，成为一道让人移不开眼的靓丽风景。夏天的紫薇开得很浪漫，凤凰则开得很火红，让人看得心花怒放。还有一大块地专门用来种时花，一年换几次，不同品种的鲜花给人带来不同的心境。

新楼建好后，原来的危楼要拆除。拆开后的空地又要改造，经过一番思考，我决定在此地建一个大舞台和大操场。由于空间足够大，舞台和操场都建得很大气，此后幼儿园所有的大型活动都在此举行！起初几年，还举行过很多次大型团体操表演，气势恢宏！

此外，我还改造了南门、围墙，建造了种植园地、沙池、玩水池、连廊等。就这样使幼儿园的环境一步一步地得到改善，使幼儿园成了真正的绿化、美化、净化、儿童化的儿童乐园。

记得省学前教育协会的罗会长曾在我刚任园长的时候来过我们幼儿园，当时给我们的评价是"大而空"。但是几年后他再来我们幼儿园时，给我们的评价则成了"发生了翻天覆地的变化"！

奥尔夫音乐

接触奥尔夫音乐，纯属偶然。

记得那年有个陌生的老师来到幼儿园找我，给我介绍奥尔夫音乐，并力荐我们加入他们的课题研究和实践。音乐是我的爱好，对于奥尔夫音乐，我虽然此前没接触过，但是听了他的介绍后，我就喜欢上了。当时，我们的音乐教育还比较传统，还存在较多问题：音乐教学重理性化，重教师的讲授，轻幼儿的参与体验；重教学的结果，轻教学的愉悦过程；重知识技能的教学，轻音乐实践活动的开展；教师思想、行为模式化；教育方式一刀切；教学形式相对单一等。为了促进我们幼儿园音乐教育的发展，我很想加入他们的课题研究。于是我推荐他去找我们教育局的领导，只要领导同意了，我们就可以参与了！

后来，他征得了教育局领导的同意，还在茂名找了几所幼儿园一起加入。就这样，我们开始了历时三年的研究与实践，课题的名称是《中央教育科学研究所"十五"规划课题"中国奥尔夫音乐教育实践研究"子课题——"幼儿英语&奥尔夫音乐艺术整合教育"》。

课题的研究分为三个阶段，分别是模仿阶段、探索阶段与创新阶段。

第一年是模仿阶段，在这个阶段的主要目标是：立足教材，理解奥尔夫音乐教育的方法。通过模仿奥尔夫音乐教学课例，在模仿过程中充分理解音乐、节奏、美术、表演、语言等元素是如何在奥尔夫音乐教育体系中运用和体现的。

第二年是探索阶段，在这个阶段的主要目标是：探索教材，掌握奥尔夫音乐教育的方法。通过教授课题组提供的教材课程，探索奥尔夫音乐教育体系中教学内容的选择、教学方法、教学手段的应用，教师要灵活将音乐的各种元素有效地运用到奥尔夫音乐教学实践中。

第三年是创新阶段，在这个阶段的主要目标是：创新教材，拓展奥尔夫音乐教育的方法。通过两年的实际教学，教师独立选取教材的内容、教学的方法、教学的手段，结合本园自身特点创新设计奥尔夫音乐教学活动的案例，并可持续性地进行奥尔夫音乐教学法的深入研究。

参与这个课题研究最可贵的地方在于，课题组的专家一直都指导我们，在每年的暑假都来茂名对我们几所幼儿园的老师开展集中培训，每个学期也进园对我们的教学实践进行跟踪指导。给我们做培训的老师既有来自中国台湾的，也有来自北京、上海的，都是奥尔夫音乐教育专家。在他们的培训与指导下，我们的课题研究取得了显著的成效。

一、教师方面

一是强化了教师的儿童观。以往教师在音乐活动中通常是把幼儿当作被动的接受体，忽略了孩子的感受，师生之间的情感交流少，互动牵强，活动效果往往不好。正确的幼儿音乐教育方法应该注意两个方面："儿童是主动学习者""儿童、教育、教师这三个教育因素中，儿童是主体"。"要充分发挥音乐的教化作用，寓音乐教育于儿童生活中，让儿童生活音乐化。"在教学实践中我们发现，奥尔夫音乐艺术整合教育为我们提供了一面指导教学的镜子。在本课题中，"了解孩子的发展现状"是创设有效教育活动的必要条件，教师从较多关注"如何教"，转变为更多地关注"幼儿如何学"，教师的眼里有了孩子，关注孩子的现有水平，关注孩子的发展，成了老师反复思考的问题，强化了以幼儿为主体的教学观。

二是促进了教师的专业化成长。我们积极参加课题组专家组织的地区教研活动，并定期开展园内教研活动，通过观摩、研讨活动来帮助教师积累经验，理清目标，认识价值，转化为教育行为。由于我们的课题研究是与幼儿园音乐组教科研融合、同时进行的，在我们的队伍中，年轻教师占的比例较大，他们普遍对"奥尔夫音乐""整合教育"缺少认识，独立执行起来难度很大。我们采用的是以点带面的方法，首先由课题骨干教师执教，为大家提供研讨的平台，半年后大家再围绕"音乐感受、节奏练习、幼儿创新"等关键概念进行研讨。此后，年轻教师由"倾听"转为"参与"。研究活动成为教师互相借鉴、评价与反思教学策略的重要平台。课题组的所有教师通过教研活动及自主学习、探索，使自己的音乐素养、专业素养都得到了提升，促进了教师们的专业化成长。

三是教师在开展奥尔夫音乐活动的同时，把奥尔夫音乐教育理念中的参与性、创造性，以及强调幼儿体验、感受与表现的教学方法带入了各个领域的教学中。在日常生活中注重幼儿的感受，使幼儿活动更加丰富多彩，使幼儿更主动、快乐地参与活动。这也使教师体验到学习的快乐、教学的快乐，以及与幼儿共同学习、提高的快乐。教师在活动的组织、引导中大大增强了教学中组织、引导的能力。

二、幼儿方面

幼儿是课题的出发点和归宿点，我们所开展的各种形式的研究活动都是围绕"促进幼儿发展"这一目标进行的。

一是培养了幼儿对音乐的兴趣。幼儿在奥尔夫音乐课程中的参与性很高，通过喜欢的童谣、节奏乐、身体律动、音乐欣赏并结合绘画、美工等活动，幼儿充分感受到音乐艺术的快乐、主动体验活动的乐趣，对音乐整合课程的兴趣大大提高。

二是提高了幼儿的综合素质。课程中把音乐自然地与语言、舞蹈、美术等领域融合，注重体验与表现，幼儿通过耳朵听、嗓子唱、动作表演、用乐器伴奏等活动，节奏感明显增强，音乐表现力、综合素质得到了全面的发展，幼儿的自信心也得到了加强。

三是培养了幼儿的合作交往能力。课程中的二声部合唱、乐器轮奏、乐器合奏、小话剧表演等活动都要求幼儿与同伴合作进行，幼儿从中学会了交流与合作。

四是培养了幼儿的创造性思维。课程中即兴编节奏、创编歌词、创编动作等活动，使幼儿有机会自由地表现，充分激发了幼儿的创造天赋，培养并发展了幼儿的创造性思维。

校长话创强

自2012年市委、市政府作出创建广东省教育强市的重大决策以来，各地各学校进行了积极的实践，探索了不同的思路，总结了有效的经验，取得了阶段性的成绩。校长是教育创强的骨干力量，发挥着重要作用。在教育创强工作冲刺的关键节点，为了交流教育创强的经验与做法，进一步提升教育创强的决心和信心，确保在2015年建成广东省教育强市，市教育局决定于2014年12月举办"讲自己的故事，说身边的故事，茂名市5000校长话创强"论坛。参赛人员是全市各级各类学校正、副校（园）长。

当时二幼只有一名副园长——车园长。由于我从一幼交流轮岗到二幼才三个多月的时间，我觉得由我去参赛不大合适，于是我就力荐车园长去参赛。可是车园长却用花岗岩般的思想来回应我，怎么都不肯参赛。最后，我只能无奈地硬着头皮上了！

但是，我到二幼的时间那么短，对二幼的了解还很少，在二幼开展的工作也不多，我该讲些什么呢？这可难倒我了！我想破脑袋都毫无头绪，于是就打电话给深圳的一位朋友求教，她说你就讲最触动你自己的事情吧！我想，这段时间以来令自己最有感触的就是交流轮岗这件事了吧！要不就讲这个话题？一旦有了这个想法，我就再也想不到其他的话题了。最后，我决定就讲交流轮岗了！

记得写演讲稿的时候我几乎是一气呵成的！因为这件事对我的触动实在是太大了！写好稿子在家练习的时候，我把自己都感动到哭了！当时我就想，既然能感动得了自己，大概也能感动别人吧！果然，后来在参加直属学校比赛的时候我获得了小学组第一名的好成绩，最后在参加全市各级各类学校总决赛的时候也获得了一等奖。

以下是我的演讲稿。

不变的情怀

自从2012年市委、市政府作出创建广东省教育强市的重大决策以来，为了推动各地各学校积极创强，市教育局实施了一系列有力措施。校长交流轮岗，我认为也是其中的一项。

说起轮岗，以前我一直都是持质疑的态度。因为我总觉得，一所学校的校长一旦确立了办学理念后，需要较长的时间去践行、去实施，才能把学校真正办好。

对于轮岗，我心里也存在着害怕。然而，越是害怕的事情就越会发生。2014年8月27日，在市教育局直属学校教育工作会议上，我也被宣布要去交流轮岗了。我当时头脑一片空白，以至于我对领导后来的讲话一句都听不进去。散会后回到幼儿园，看到那里的花草树木，看到那里的楼房砖瓦，想到自己再也不能天天见到它们，再也不能天天触碰它们，我忍不住失声痛哭。回到办公室，我和同甘共苦过的同事姐妹们更是抱头痛哭。

对于一幼，我是多么难以割舍啊！我17岁半在广州幼师毕业后，就踏进了一幼，在那里工作了整整26年，从没离开过。我在那里，有过奋斗，有过拼搏，尝过失败的痛苦，尝过成功的喜悦。那里有我的青春、我的欢乐、我的事业、我的梦想。这里留下了我多少美好的回忆呀！自当园长后，十多年来，一幼从一所招生困难重重、有三栋危房的残旧幼儿园，变成了后来招生火爆、校园崭新美丽、赫赫有名的示范性幼儿园，这期间我流了多少汗水、花了多少心血啊！可是，正当我满怀希望地想实现更大的理想时，却要我离开了。要我离开那里的一草一木、一砖一瓦，要我离开那里的100名教职员工、1000多名孩子，我是多么难舍啊！

然而，纵使有千般的不舍，组织的安排还是要服从。第二天，我就来到了我现在就任的单位——二幼上班了。那段时间，我天天失眠，夜夜难寐！不过，我还是坚持每天早早地去到幼儿园，以笑脸迎接每一位老师、每一位幼儿和每一位家长，开始我在新环境的新工作，接受新挑战。

离开一幼，最令我感到遗憾的事情，便是我还有很多想法来不及实施。因此，到了二幼后，我决定要把"马上行动"作为自己的座右铭，把自己多年积累的办园经验和新的办学思路付诸行动，使自己在工作上做出立竿见影的效果。因为有了"马上行动"的决心，这三个多月以来，在二幼领导班子的通力合作下，在老师们的积极配合下，我们做了不少工作：

为了促进幼儿健康发展，加强了晨检、晨练和户外活动；
为了加强幼儿礼貌教育，开展了"礼仪小天使"值日活动；
为了提高幼儿艺术水平，开展了幼儿现场绘画大赛；
为了提高教师教学水平，开展了全园教师公开课活动；
为了丰富教师业余生活，开展了教师节游戏活动；
为了提高教师科研水平，举行了研究课题开题会；
为了加深家长亲子感情，开展了国庆亲子游园活动；

为了提高家园共育水平，开展了亲子手工制作活动；

为了丰富家长育儿知识，开展了家长讲座活动；

为了加强园舍硬件建设，装修了多功能会议室；

为了发挥示范辐射作用，开展了接待见习、实习、跟岗工作；

为了总结过去展望未来，开展了园庆系列活动：编印论文集、课例集、教具及玩具集、宣传画册，拍摄专题片，做宣传展板，举行庆祝大会、文艺演出、亲子游园会，等等。

工作改变了我的心情，我由开始的迷茫变得踏实；工作激活了我的思路，我由开始的按部就班变得勇于创新；工作也改变了幼儿园的面貌：孩子们变得更加健康活泼了，老师们变得更加积极向上了，家长们变得更加支持配合了，幼儿园变得更加舒适美丽了。

现在，我终于感受到了领导的决策英明，我终于体会到了领导的用心良苦。我终于明白，交流轮岗有着不可替代的作用：交流轮岗有利于校长的成长；交流轮岗有利于学校的发展；交流轮岗可以使学校取长补短；交流轮岗可以使学校焕发新的生机、新的活力！我相信，通过交流轮岗，茂名的学校一定会办得更好更强！茂名的教育事业一定会迎来更加辉煌的明天！

2014 年 12 月 12 日

音乐快板

为了总结教育创强的成绩，市教育局决定组织一场文艺会演，参加会演的单位与节目由相关负责人安排。也许是出于对我们的信任，他们居然安排我们幼儿园演一个音乐快板，还要我们从作词到表演都要进行创编，这可把从没进行过音乐快板创编的我们给难住了！但是不管多难，这任务都得接。经开会讨论，作词的任务还落到了我的头上。我感到压力很大，不知道怎么去完成。最后经过找素材和"闭门造车"一个星期，我写出了《茂名教育谱新篇》。后来我们这个节目参加会演取得很好的现场效果，还获得了特别荣誉奖。

茂名教育谱新篇

竹板声声响连连

教育人士笑开颜

大舞台上来展现

茂名教育谱新篇

谱新篇

哎　我们今天说点啥

先祝教师事事顺
再祝教育样样行
不管讲得行不行
您的掌声可别停
对，您的掌声可别停

教育创强三四年
喜看处处换新颜
教学质量勇争先
高考成绩排在前

创强争先建高地
上下联动目标齐
教育强市是动力
抓好六强出成绩

党政领导善决策
全面统筹出举措
走听看想带头做
创强事事有着落

校长办学变思路
真抓实干迈大步
中层干部真忙碌
大事小事都服务

领导班子心思齐
带头冲锋不迟疑
一线教师齐努力
不断创造新佳绩
新佳绩

哎！你说得还真不错
大家请往这边瞧

先看化州文楼镇
村小校长李玉萍
为使学校换新颜
挨家挨户去募捐
一天才得三千元
看着手中这点钱
痛哭无奈露苦脸
坚持下来感动天
爱心人士送来钱
挥手捐出十万元
学校得以换新颜

再看高州古丁镇
中国好人陈超新
大山深处威武冲
三十六载苦坚守

校长老师兼保姆
单腿独撑一学校
崎岖陡峭深山处
半腿挑书簿
常常带病上讲台
废寝忘食育幼苗
拖着病腿去募捐
历尽千辛万苦后
摇摇欲坠泥砖房
建成牢固新校舍
家徒四壁仍慷慨
解囊资助贫困生
爱生如子总关情
三十六载无辍学
刻苦钻研成名师
辛勤耕耘换硕果
穷山飞出金凤凰
育出桃李满天下

哇！真是太了不起！还有吗
还有茂名十一小的黎老师

（歌曲《一个真实的故事》音乐起）

旁白：有一位老师
他为了创强而辛勤工作

学校"强师工程"的教学资源
　　全部由他全程参与制作
　　可是有一天
　　他犹如一片耗尽生命力的叶
　　悄然地从枝头上飘落
　　就再也没有回来过

唱：走过那间制作室
　　你可曾听说
　　有一位老师
　　他曾经来过
　　走过那间制作室
　　你可曾听说
　　有一位老师
　　他留下一首歌
　　为何片片白云悄悄落泪
　　为何阵阵风儿为他诉说
　　喔~啊~
　　还有一群小学生
　　默默地默默地怀念

　　真是太感人了！
　　是啊

　　感人事迹还很多
　　要说还有一大摞

出力献爱积功德
奏响教育大赞歌

茂名教师千千万
为了学生掏心肝
以身作则好榜样
以德服人好典范

创强经过三四年
六强呈现在眼前
校舍强，装备强
师资强，管理强
质量强，氛围强
朝着前进大方向
全面创出新气象
教育花开遍地香

教育创强决胜年
不断挑战勇向前
和谐教育齐贡献
众志成城谱新篇
谱——新——篇——

2015年9月25日

在研修中成长

——"百千万人才培养工程"研修总结

广东省中小学新一轮"百千万人才培养工程"第二批培养项目于 2015 年 7 月 13 日上午在华南师范大学正式启动,至今已有三年多的时间。我作为小学名校长、幼儿园名园长培养对象的一员,在这三年多时间的培训学习中,通过专家引领、实地参观、跟岗学习、出境参访,学到了很多先进的理念与经验,引发了很多思考,经过实践,也做出了一些成绩。

一、专家引领,引发思考

(一)思考之一:如何面对未来发展

在第一阶段的集中培训中,2015 年 7 月 15 日,我们参加了一天的"中美校长高峰论坛——美国荣誉校长中国行"对话交流活动。一天的活动引发了我面对瞬息万变的社会和日新月异的技术发展怎么做教育的思考,使我体会到:教育要应对未来社会发展;教育要善于利用海量信息;教育要注意提升教学效能;教育要注重学生个性发展。

(二)思考之二:如何创建优质团队

在第二阶段集中培训中,我们于 2015 年 10 月到北京师范大学参加了为期 10 天的高端培训。在参观学习的过程中,有一名校长演说的"让教师过'专业化的生活'是校长的职责与使命"

令我触动最深。他认为让教师过"专业化的生活"要做到四点：一是通过精神管理促进教师的职业仪式以及对教学的敬畏之心；二是帮助教师制订专业发展的目标与规划助力教师二次专业发展；三是进行学习型组织建设，促进教师文化的生成；四是反对标准化，激励教师进行创新性工作的开展。这让我认识到，原来促进教师的专业化成长是打造卓越教师团队的关键所在。

（三）思考之三：如何创建优质学校

2016年5月9日至14日，我们参加了第三阶段集中培训。在此过程中，周峰院长为我们做了"优质学校创建：路径与方法"专题讲座。听完周院长的讲座，引发了我对如何创建优质学校的思考。周教授说，创建优质学校的进程有三个阶段：规范化办学阶段、精细化办学阶段、个性化办学阶段。如果从我们幼儿园的情况来分析，我们的现阶段是精细化办学阶段，我们正在实践如何做精做细各项工作。那么，我们该如何使我们的办学进展到个性化办学阶段呢？这是我们现在要深思的问题。周教授说，优质学校有两种类型：原创型和借鉴型。而从"原创型"到"借鉴型"可采用"套模—改模—创模"的路径。到底我们是要抓住一个点来创新走"原创型"之路呢？还是学习别的优质园的成功经验和结合自己的实际情况进行改进，从而创出自己的个性化办学模式呢？如果想走"原创型"之路，该抓住什么点来创新呢？如果想走"借鉴型"之路，借鉴哪里呢？这将是我们要不断探索和实践的。

（四）思考之四：如何提炼教育思想

在2018年6月29日去重庆参加培训期间，来自重庆督导评估学院的沈军给我们做了题为"名师与名家的培养"的讲座。他以"未来教育家的培养"为例，从未来教育家的定位、设计和培养方式等方面具体谈了很多有关培养未来教育家的做法，其中说到的一点——"教育思想"启我深思。要想真正成为教育家，就一定要有自己的教育思想，这种思想是超越学校甚至是本领域的。那么，我的教育思想是什么呢？我以后该怎么去提炼自己的教育思想呢？我的主要方向在哪儿呢？这将是我接下来要思考和研究的主要命题。

二、实地参观，借鉴经验

在这三年多来，我们分别到北京、重庆等地参观了幼儿园，到广东省育才幼儿院一院进行了跟岗学习，到台湾参访了多所学校和幼儿园。无论是参观、跟岗还是参访，我都从这些优质幼儿园学到了很多先进经验。

（一）参观学习，借鉴经验

在 2015 年 10 月去北京师范大学参加高端培训期间，我们一共参观了四所幼儿园，每所幼儿园都有各自独特的办园之路，都有很多值得我们学习和借鉴的地方。如：北京市东城区光明幼儿园是北京市最早的陈鹤琴教育思想研究基地，重视儿童的素质教育，培养儿童多元智能发展：健全的身体、创造的能力、服务的精神、合作的态度、世界的眼光；北京市西城区三教寺幼儿园在环境创设方面匠心独运，室外的每一处都充分利用空间，室内的环境布置则充满了艺术气息，整体呈现出绿化、美化、儿童化、艺术化的特点；北京市海淀外国语实验学校附属幼儿园拥有超大空间的活动场所、室内游泳馆、小火车、山坡、河流、童话城堡等适合儿童成长的设施，为孩子们构建了一个绚烂的富有创造性的英语童话世界。参观完这些幼儿园后，我回头反思了一下我们幼儿园的工作，觉得我们还有很多待加强的地方。

2018 年 6 月 25 日至 29 日，去重庆参加培训期间，我们参观了四所幼儿园，四所幼儿园的位置各不相同，它们也各具特色。参观完这四所幼儿园后，我最深的感受就是教育要因地制宜。重庆市渝中区实验幼儿园利用上地理位置的所有优势，创设了适合幼儿勇敢探索的、充满野趣的山坡环境，大型玩具设计得非常科学，有各种各样的功能，可以满足孩子各方面体能运动的需要；重庆市政府机关幼儿园的户外场地不大，不过他们在室内运动方面做了很多研究和实践，并创出了很多室内运动项目，很值得学习和推广；重庆市江津区几江幼儿园的户外环境充满野趣，充满大自然的色彩，室内的材料则几乎都是采自大自然或生活当中的，充满生活色彩和民间色彩；重庆市沙坪坝区曙光幼儿园是一所曾被人誉为"世界级乡村幼儿园"的幼儿园，该园突出的亮点是环境的生态化和多元化，把环境与课程相结合，让教育教学在户外的环境当中进行，让孩子在与环境的互动中习得各种经验。

（二）跟岗学习，借鉴经验

2016年5月16日至19日，我们幼儿园园长小组共6人，去广东省育才幼儿院一院跟岗学习。在这短短的四天里，他们为我们安排了丰富多彩的学习内容，观摩或参与他们的每项活动，都能找到他们很多可学之处。看晨检活动，可看出他们的工作很细致，很人性化；观摩综合体能室活动，看到了他们幼儿园自己研发的体能器械，非常科学，非常独特，能充分促进幼儿的个性化发展，能充分发展幼儿的平衡力、协调性、灵敏度及力量、耐力；观摩保育员学习，感受到了他们认真的学习态度和积极向上的良好风貌；参观功能室，充分感受了美工室的浓浓的艺术氛围、科学宫的充满探究的科学气息、童书馆的舒适宜人的书香环境；交流保育保教工作经验，看到了他们的人员充足，分工精细，管理到位；交流后勤管理工作经验，看到了他们既勇于探索,又富有奉献精神;参加他们的教研活动,感受到了他们的浓浓的教研氛围;从他们的学习故事分享中,我们看到了他们在"学习故事"这个课题上做了很多的研究、探索、实践,积累了很多经验,悟出了不少门道,并给后来的研究者和实践者提供了可借鉴的学习机会;观摩幼儿半天生活,让我看到了他们的班级活动空间宽阔,区域布置合理,操作材料丰富,幼儿学习自主,教师指导有方,时间安排科学。

(三) 参访学习,借鉴经验

2016年12月17日至31日,在广东第二师范学院郑向荣教授和黎晓君博士的带领下,我们广东省"百千万人才培养工程"第二批小学名校长、幼儿园名园长培养对象一行25人去宝岛台湾,进行了为期15天的教育考察。在这15天里,我们分别参访了大学、职业中学、小学、幼儿园等多所学校,并聆听了多名教授、校长、园长的精彩讲座。通过参观学习,我们对台湾的各类学校、各个阶段的教育有了一定的了解与粗浅的认识。作为一名幼教工作者,在此过程中,我关注得更多的是台湾的幼儿教育。两相比较,觉得台湾的幼教和大陆的幼教还是有很多不同的地方,并感到台湾的幼教有很多值得我们学习和借鉴的地方。从宏观来看,台湾的幼教园丁使命高尚神圣,注重传承中华优秀传统文化,课程关注孩子全面发展,全面开展幼小衔接工作,注重全面开展亲职教育,保教人员专业素质较高。从参访的两所幼儿园看,各有特色。其中的台北育航幼儿园注重班群活动,发展以"班群活动探索为主,主题教学为辅"的课程教学,充分运用环境空间,丰富学习情境,借由"班群合作·师生共学"精神,培养幼儿思考表达及主动探索的能力。而另一所幼儿园则通过践行"雁行"管理,使一所家长揽权不信任、教师没有自信、幼生人数不稳定、教师和园长都想离开的岌岌可危的幼儿园，变成人事16年无异动、教师独当一面、家长高度信任的一流的幼儿园。

三、实践探索，不断改进

在这三年来多，我一边参加"百千万人才培养工程"的培训学习，一边反思自己和本园的工作，找出差距，不断改进，不断探索，不断实践，做出了一定的成绩。

一是加强了教科研力度。我个人已申报并立项两个省级课题《积极心理学背景下的幼儿养成教育研究》和《基于积极体验的幼儿养成教育活动研究》，并积极开展立项课题的研究和实践工作。与此同时，幼儿园的其他几位老师也分别立项了几个国家、省、市级课题。在每周的周二、周三下午，老师们都分别开展课题研究和教育教学研讨工作；每周的周一下午开展保育员业务学习培训。幼儿园的教科研氛围越来越浓，教师的钻研力度越来越大，通过积极参与教科研活动和学习培训得到锻炼，得到提高，得到发展。

二是加强了环境创设。首先是大力改善了室外环境，加强了环境的绿化、美化、安全化、儿童化。其次是增添了大量的活动材料，比如体育活动材料、科学活动材料、区域活动材料等，使幼儿能在更丰富的物质环境中探索和学习。另外还加强了环境的艺术性，以使幼儿在充满艺术的氛围中受到熏陶和影响。

三是加大了教学改革力度。自《广东省幼儿园一日活动指引》颁布后，我们及时组织教师开展了学习，并在教学上进行了改革。首先是加强了区域活动，每天都开展连续一个小时的区域自主游戏活动，使幼儿的个性和学习自主性得到充分发挥。孩子们在活动中逐渐表现出自主、自信、专注、大胆、大方、互助、合作等良好品质。其次是减少了集体活动时间，提高了孩子的学习效率，增强了孩子的学习兴趣。

四是丰富了大型活动。每年都开展丰富多彩的大型活动，如国庆节游园活动、徒步节活动、小小运动会、春游活动、读书节活动、母亲节活动、庆"六一"活动、父亲节活动，以及一般性社会实践活动等，注重幼儿人人参与，人人获得发展，创设一种师幼、家园互动的氛围，让幼儿在活动中得到锻炼、学习，感受幼儿园生活的快乐。幼儿通过参加活动，获得了更多发展的机会。

五是加强了家园合作。召开了三届家长代表大会，成立了家委会常务委员会，并以此牵头成立了指挥部、活动部、学术部、宣传部、安全部、义工部、文体部七大部门，开启了家园合作的新篇章；成立了父母学堂，构建了幼儿园、家庭、社会三位一体的育人体系；成立了家长护卫队，让家长更多地参与到幼儿园的安全管理工作中，自觉为幼儿的安全保驾护航；开展丰富多彩的家园互动活动，召开班级家长会、体验式家长讲座、家园迎新春联欢晚会等，让家长对幼儿园的事情更上心，对老师更放心。

四、示范引领，辐射带动

（一）接待跟岗学习

幼儿园三年多来共接待了省、市级跟岗学习培训班20多批，来自湛江市、阳江市、廉江市、吴川市、遂溪县和茂名市等地的镇街幼儿园共300名幼儿园园长和骨干教师参加了跟岗学习，通过观摩、讨论、分享、专题讲座等形式，手把手地指导跟岗园长和教师如何更好地开展幼儿园的师资队伍建设、教育教学管理、卫生保健管理、后勤管理、家园共育等工作，帮助跟岗园长、教师提高管理能力、教学能力、专业水平和整体素质，以带动乡镇幼儿园园长和教师的专业化成长，为促进我省学前教育区域的均衡和优质发展做出贡献。

（二）进行示范带学

我参加广东省中小学新一轮"百千万人才培养工程"培养对象第二次走进乡村教育活动，在云浮新兴县进行示范带学，为300多名园长、老师做"如何立足乡镇做好幼儿园管理工作"专题讲座，效果良好；参加广东省中小学新一轮"百千万人才培养工程"培养对象第三次走进乡村教育活动，在江门鹤山进行示范带学，为200多名园长、老师做"如何提升幼儿教师的职业幸福感"专题讲座，效果良好；担任广东石油化工学院继续教育学院茂名市第三、四、五期幼儿园园长任职资格培训班主讲教师，先后为200多名学员做"园长专业化发展""幼儿园办园理念""幼儿园文化建设""幼儿园的经营与管理"等专题讲座，为参加培训的园长传授幼儿园管理知识与经验；担任广东石油化工学院继续教育学院2015年广东省欠发达地区幼儿园骨干教师培训班主讲教师，为50名骨干教师做《幼儿园教师专业标准（试行）》解读，以及"环境与幼儿发展""有别于小学的幼儿园教育"等专题讲座，促进参加培训的教师的专业化成长。

（三）进行对口帮扶

我对口帮扶的幼儿园有茂南区镇盛镇中心幼儿园和茂南区高山镇中心幼儿园两所幼儿园。在三年多来，我开展的帮扶工作有：让帮扶幼儿园的园长来园跟岗学习；让帮扶幼儿园的教师来园参观学习并为他们上公开课；带领教师到帮扶幼儿园举行下乡支教活动，分别开展讲座和教学观摩等活动；等等。通过多种形式的帮扶活动，促进了两所帮扶幼儿园的教师的专业化成长和保教质量的提高。

（四）创建园长工作室

我目前已创建广东省吴木琴名园长工作室和茂名市吴木琴名园长工作室。工作室成员是来自茂名市、茂南区、电白区、高州市、信宜市、化州市等地的公立幼儿园的园长、主任和骨干教师，共20多人。工作室成立以来，分别开展了园所诊断、送教下乡、专题讲座、集中研修、跟岗学习、外出培训、园长论坛等活动。

（五）举办直播课堂

通过现场直播的方式，我们组织了六次面向全市幼儿园的信息化教研活动，使全市3万多人次幼教同行受教育，为茂名幼儿教师的专业化发展，为茂名地区学前教育教学及教科研整体水平的提高提供了学习的机会。

经过三年多的学习与实践，我和幼儿园都取得不少成绩：我个人被评为广东省特级教师、茂名市名校长；被遴选为广东省名园长工作室主持人；被聘任为广东省中小学教师发展中心学前教育委员会专家委员、广东省学前教育师资培训中心专家指导委员会委员、广东省一级幼儿园评估专家、广东教育学会学前专业委员会理事、茂名市教育学会学前教育委员会秘书长等；我园被评为广东省安全文明校园、茂名市安全文明校园、茂名市无烟学校、茂名市教育系统宣传工作先进单位、茂名市校园安全管理工作先进单位、茂名市培育和践行社会主义核心价值观学校示范校、茂名市园林式居住区（单位）、茂名市教育局直属学校先进基层党组织等；学校食堂被评为茂名市食品安全示范学校食堂；幼儿园的园徽被评为茂名市"最具创意"十佳校徽，园歌《感谢有你》荣获茂名市"最受欢迎"十佳校歌提名奖；我园多名老师被评为广东省特级教师、茂名市名教师、茂名市优秀教师、茂名市教育系统宣传工作先进工作者、市直属学校优秀教师、优秀班主任、优秀共产党员、优秀党务工作者等；一大批老师的论文、课例、征文获得省、市级奖励；多个课题获得省、市、县级立项；我园500多名幼儿的美术作品获得国家、省、市级奖励；幼儿童话剧《圣诞节的心愿》参加2016年茂名市直属学校小学生文艺会演获得最佳创意奖，参加"红荔飘香"茂名市第九届少儿艺术花会比赛荣获银奖。

2019年4月5日

优秀传统文化之旅

——记 2019 年庆"六一"活动

今年的"六一"国际儿童节前夕,全国妇联等八部门联合下发庆祝"六一"儿童节通知,要求各地各部门在青少年儿童中广泛开展主题鲜明、内容丰富、形式多样、互动性强的宣传教育,让孩子们过一个快乐而又有意义的节日。由此可见国家是多么关心少年儿童的健康快乐成长!我园积极响应党中央的号召,在 5 月 31 日下午举行了 2019 年庆祝"六一"活动——中华优秀传统文化之旅。

我们以班为单位,每个班创设一个传统文化展馆,全园共有 15 个展馆和一支巡演队。家长和孩子们穿着汉服、旗袍等传统服装兴高采烈地来参加我们的活动。艺鼓冲天·巡演队的表演首先拉开活动的帷幕,在整个活动的过程中,他们到处去巡演,为各个体验馆助兴和增添色彩。全园 15 个传统文化体验馆同时开放,孩子们拿着"旅行证"逐个去参观和体验,每个展馆都挤满了人,表演甚受欢迎,整个幼儿园一派热闹祥和的景象。

造桥艺匠·建筑馆展览了中国各种桥的图片与小一班的家长和小朋友共同制作的各式各样的桥,孩子们在这里用大型积木、积塑等各种材料搭建自己心中的桥。

伞艺清韵·伞馆展览了小二班小朋友画上了梅、兰、竹、菊的大小不一的伞，在这个馆的小朋友拿着各种小伞认真地画出了富有韵味的中国伞。

玲珑绣坊·刺绣馆展览了小四班家长和小朋友们收集和制作的各种刺绣，孩子和家长们在这个馆全神贯注地织布、刺绣。

魅力扎染·扎染馆展览了小五班小朋友们染好的艺术味很浓的衣服、帽子、围巾、手帕等，来到这个馆，孩子们可以随心地染出各种富有创意的衣物，他们每每打开自己的作品都会露出惊喜的表情。

灯彩艺坊·灯笼馆展览了中二班小朋友和家长用各种材料制作的灯笼，在现场，孩子们用老师准备好的灯笼框架进行各有特色的装饰，制出自己心爱的灯笼，并满心欢喜地带回家。

别出心"裁"·剪纸馆展览了中五班小朋友的富有民族特色的剪纸作品，来到这个馆，可以随心所欲地剪出各种美丽的剪纸作品，不管是小朋友还是家长都完全沉浸其中，剪出了别出心裁的图案。

漫天飞舞·风筝馆展示了形状各异的风筝，吸引了很多小朋友和家长也来动手制作。看着一件件作品从自己的手中成型，他们的脸上都溢满了喜悦之情。

最炫民族风·民族服饰馆展览了各种民族服装图，孩子们在这里大胆地设计自己心中所想的各种民族服装。

戏出传统·民间游戏馆是最有动感的场馆，在欢快的音乐伴奏下，孩子和家长们在这里跳竹竿舞、跳橡皮筋、转陀螺等，孩子玩得不亦乐乎，家长则趁机回味了一把童年的游戏。

食全食美·传统美食馆是最受欢迎的展馆，因为在这里可以品尝饺子、簸箕炊、年糕等传统美食，尝完后又可动手学做传统美食，只见孩子们做得像模像样的，在现场就学会了制作家乡特色美食。

岭南果韵·荔枝馆挂满了孩子们制作的荔枝，来到这里的孩子们可用轻泡黏土制作荔枝，有些孩子不仅做了一串串的荔枝，还制作了荔枝树，把一串串的荔枝挂在了树上，非常诱人。

茶韵幽香·茶馆是一个布置得最有韵味的展馆，只见里面的柜子上陈列着各种各样的茶叶，中间摆了三套专业茶具，墙上还贴了家长绘制的茶图，周围还摆上了绿植，走进这里品一杯清茶，真的有种浓浓的茶韵幽香的感觉。

国粹艺术·脸谱馆展览了各种脸谱的图片和孩子们绘制的各式脸谱，来到这个馆的小朋友在绘制脸谱的过程中个个都全神贯注的，当手中的脸谱成型时，有些孩子还情不自禁地拿着脸谱舞动起来。

童音乐韵·音乐馆摆满了各种民族打击乐器，琳琅满目的，来到这个馆的小朋友都跃跃欲试，逐一拿起各种打击乐器随着音乐敲击起来，使得这个馆好像一直都在演奏交响乐似的。

梦幻西游·文学馆里的小朋友穿着西游记里的主要人物的服装，扮演孙悟空、唐僧、猪八戒、沙僧等人，既在馆里表演，还到处去巡演，引来不少观众。

以这样的形式、这样的内容举行庆祝"六一"活动是前所未有的，这场活动得到了广大家长和来园采访的记者的高度认可，他们纷纷表示这次活动很有创意，能够让小朋友们从小了解中国传统文化，接触传统工艺、传统民俗、传统艺术，在优秀的中国传统文化里浸润，让孩子们度过一个既快乐又有意义的"六一"国际儿童节。

2019 年 6 月 1 日

牵手体验多彩的世界

——广东省吴木琴名园长工作室情况汇报

2021年11月8日，广东省吴木琴名园长工作室举行揭牌仪式。华南师范大学郑福明教授、广东第二师范学院苏鸿教授，以及茂名市教育局分管领导和300多名幼教同行参加了本次活动，还有7000多人次在线上观看此次活动。

在上级领导的支持下，在专家的引领下，从2018年的第一轮工作室主持人，到新一轮的工作室主持人，工作室再次启航，对我而言，是一份荣誉，更是一份责任，但始终不变的是工作室与更多同行共同成长的初心。

在这三年里，工作室按照"团结协助、务实创新、凸显特色、奋进作为"的工作宗旨，创新研修形式，开展了集中培训、支教活动、线上交流等多元化的培训交流活动，通过一人带动一个园所，一个园所带动一个片区，提升了茂名地区幼儿教师专业素养，为茂名市学前教育的优质发展做出了积极贡献。

一、凝练办学思想，促进园所发展

为适应时代发展的需要，构建出高品位的校园文化，进一步凝练幼儿园精神内涵，我根据幼儿园的实际情况，结合幼儿园的未来发展，凝练出茂名市第二幼儿园的办学理念：以美善育人，育美善之人。在此基础上，通过创设美善的教育环境、打造美善的教师团队、构建美善的育人课程、培养美善的完整儿童，在不断探索和践行"美善"教育的过程中，实现了园所质的飞越发展。幼儿园先后被评为广东省安全文明校园、广东省食品安全示范学校食堂、广东省中小学教师校本研修示范学校、茂名市创建国家卫生城市工作先进集体等。

二、积极开展活动，发挥引领作用

一是专家引领，解困纾难。为了坚定方向，工作室团队就工作室未来的研究方向、未来规划等问题，与工作室专家导师郑福明做深入的研讨，征询了郑福明教授的意见和建议，并得到了郑教授的指点。在专家面对面交流的环节中工作室团队和郑福明教授进行了深度的交流，郑教授高屋建瓴，对主持人及学员们提出的困惑进行一一解答。工作室一直在郑福明教授的引领下，稳定向前。

二是园所把脉，诊断提升。为加强培养对象的交流，相互启发、共同分享，整合优质资源，工作室每学年制订入园诊断工作计划，先后对入室学员所在的幼儿园开展了园所诊断工作。作为工作室主持人，我深入学员的园所，实地参观了幼儿园的区域环境、户外环境、功能室创设等。在园所诊断中，我结合自身丰富的管理、教研经验，根据不同园所的特点，对各个园长提出的问题给予了专业和详细的指导，为各个幼儿园明确乡土特色课程的发展方向，鼓励大家充分利用周边资源，强调"生活即教育"的课程理念。同时对幼儿园环境规划、特色渗透、课程体现等方面提出切实可行的建议。

三是"集中+自主"双向学习。结合疫情发展的新动态，在研修过程中，通过"集中+自主"相结合的模式，开展形式丰富的活动。2022年4月，工作室开展了以"深耕细研共成长　云端携手提质量"为主题的线上研修活动。10月，开展了"幼儿园课题研究与教育论文写作活动"专题学习等。在每次的线上研修或专题讲座活动中，工作室带领工作室成员，工作室成员带领全园教师，将学习资源利用最大化，帮助工作室学员促进幼儿园教师更好成长。同时，为进一步提高工作室成员理论素养和实践水平，帮助大家形成阅读和交流的习惯，为工作室形成浓厚的阅读氛围，工作室开展了"共读教育经典，绽放多彩教育"系列读书活动。每月定期由工作室成员担任读书分享人，通过PPT线上向工作室成员分享阅读心得，并与其他成员进行讨论。通过阅读分享会，工作室的成员逐步养成读专著、读专业书籍的习惯，理论知识水平得到很大的提高。

四是名园跟岗，赋能成长。工作室通过观摩、跟岗的形式走进一批特色名园，使成员在走、看、听、想的过程中学习不同园所的文化，感受不同园所的魅力，吸取名园的管理智慧，提升自己并引领园所的进步。工作室成员学习的足迹遍布湖州、安吉、佛山、深圳、东莞、汕头、珠海等地。通过研修，成员的教育观念不断更新，办园水平不断提升，办园方向不断明确，逐渐形成了"本真教育""阳光教育""自然教育""快乐阅读"等办学特色，成为高州市、茂南区、滨海新区等县区的标杆幼儿园，在当地发挥着示范引领作用。

五是送教下乡，帮扶乡镇。工作室为充分发挥省级名园长工作室的示范引领和辐射带动作用，提升乡镇幼儿园园长的管理能力及教师的教育教学能力，工作室为成员制订了每学期送教下乡的计划。在三年的时间里，广东省吴木琴工作室所有成员积极参与送教下乡活动，携手工作室到高州、化州、茂南、滨海等地的乡镇幼儿园共开展了20多场送教下乡活动，参训人数共计400多人。多次的送教下乡活动，促进了工作室成员的专业成长，同时对乡镇幼儿园的教学教研起到了指导和引领的作用。

六是接待培训，示范辐射。为发挥工作室的示范作用，我园多次接待来自粤东西北和茂名市等地的幼儿园园长和骨干教师的跟岗学习。通过观摩、讨论、分享、专题讲座等形式，我手把手地指导跟岗园长和教师，帮助跟岗园长、教师提高管理能力、教学能力、专业水平和整体素质，以带动乡镇幼儿园园长和教师的专业化成长，为促进我省学前教育的均衡和优质发展做出贡献。

三、重视专业成长，业绩成果丰硕

一是重视教师专业成长。我致力于培养带动青年教师的成长，借助工作室的平台，培育了一大批青年骨干教师，使他们得到全面的锻炼，专业获得快速成长。在我的指导下，一大批教师取得了显著成绩：1人被评为广东省特级教师，1人被评为南粤优秀教师，1人被遴选为广东省"百千万人才培养工程"名教师培养对象，1人获得第三届广东省中小学青年教师教学能力大赛总决赛学前教育组一等奖，一大批教师的论文、课例共50多项获得省、市级一等奖，8名教师的课题获得省、市、县级立项。

二是重视学员专业成长。我积极带动工作室成员和学员开展教育科研，通过园所诊断、送教下乡、专题讲座、集中研修、跟岗学习、外出培训、园长论坛、教学观摩等活动，促进各位学员的专业成长，帮助他们收获累累硕果：先后有2名学员晋升为高级教师，2人晋升为教师发展中心学前教研员，1人被评为广东省南粤优秀教师，1人被评为南粤优秀教育工作者，1人被评为茂名市名教师，3人被评为县级优秀园长，1人被遴选为县级名园长工作室主持人，3人被遴选为广东省"百千万人才培养工程"幼儿园名教师培养对象，1人获得第三届广东省中小学青年教师教学能力大赛总决赛一等奖。在教研方面，工作室成员累计获奖论文及课例 60 多篇，各个成员主持或参与的课题有 9 项。

三是重视个人专业成长。三年来，我一直坚持参加各种培训班学习，还参加了中国科学院开办的为期四年的儿童发展心理学研修班学习并取得结业证书。此外，还一直坚持开展课题研究，深入班级开展教学活动，积极进行各种实践探索，不断提升个人专业素养。三年来，个人也取得一定成绩：被遴选为广东省劳模与工匠人才创新工作室领衔人；出版了编著《三年同行录》，在省级刊物发表了论文《幼儿园开展思政教育初探》；获得广东省中小学正高级教师职称。

实施"五个一"工程，打造家园共同体

2016年9月，在市教育局的组织下，我们直属学校校长一行40多人到山东济南学习。经过一个星期的学习，我学到了很多家校工作的先进经验，学习也激发了我很多有关家园工作的新思考。回来后我决定开创家园工作的新局面，于是便有了后来一系列的家园工作新做法。经过几年的实践，我们也形成了自己的家园工作新模式：实施"五个一"工程，打造家园共同体。"五个一"指的是一个阵地、一支队伍、一套教材、一个组织、一系列活动。

一、一个阵地

一个阵地指的是家长学校。2016年11月，随着第一次家长代表大会的召开，我们正式成立了茂名市第二幼儿园家长学校及父母学堂，由此开启了家园工作的新起点。我们先后设置了家长学校活动室和阅读角，配备了大量图书，制定了《家长学校工作章程》《家长学校教师培训制度》《家长工作手册》等各种规章制度，建立健全了学员学籍制度、考勤制度、考核制度、评比表彰制度等，保证了家长学校的各项工作能按步实施，有章可循。

二、一支队伍

一支队伍指的是家长学校的教师队伍。这支队伍组成的人员有：幼儿园的中层以上干部及班主任；有先进育儿经验的优秀家长；有先进育儿理念的专家、教育局教研员、小学教师等。这支队伍的教师定期不定期给家长授课或做专题讲座、主持家长沙龙活动等。例如：为了发挥名园长的引领作用，我在"如何构建良好家风"的讲座中，以体验式游戏为导入，深入浅出地和家长分享良好家风对幼儿产生的积极影响；为了让家长对幼升小阶段有全面的、正确的认识，引导家长有的放矢地为孩子入小学做准备，我园先后邀请福华小学名班主任刘小梅、教研室教研员赵初红做了关于如何做好幼小衔接的讲座。

三、一套教材

经过几年的摸索，我们幼儿园编撰了一套家长课堂教材。这套教材涵盖了小、中、大班家长课堂的各种案例，内容都源于家长关心的育儿热点或难点问题，教学方法以体验式为主，家长易于接受。我们积极探索家长课堂的案例互动教学方式，按照"案例展示""案例分析""组织分享""引导践行""课后拓展"五步骤进行授课。同时，我们积极打造本园家长学校的特色品牌——"一游戏、二体验、三分享"。"游戏"是指通过游戏的形式，拉近家长与教师的关系，在课前活跃气氛；"体验"是指通过体验形式参与课程，模拟案例情节，分析问题；"分享"是指在课程中，家长们通过案例学习、分析，分享自己的见解，从而互相学习，更加深刻地理解课程内容。

四、一个组织

这个组织指的是家长委员会。我们的家长委员会共有7个部门，分别是指挥部、学术部、活动部、宣传部、安全部、文体部、义工部。每个部门有各自不同的职责，其中指挥部全面负责家委会的各项工作；学术部主要负责提升家教水平的专题讲座、家长沙龙、家长助教等工作；活动部主要负责协助幼儿园策划、开展各种大型亲子活动；宣传部主要负责宣传报道家委会举办的各项活动；安全部主要负责协助幼儿园在接送幼儿及开展外出活动时的安全保障工作；文体部主要负责协助幼儿园开展各种大型文体活动；义工部主要负责协助幼儿园做好家长护卫队及各项大型活动的义工活动。七个部门各司其职，分工协作，从上至下拓展管理网络，共同协助幼儿园带领家长开展好各项家园共育工作。

五、一系列活动

一系列活动包括家园共育活动及大型亲子活动。我们开展的家园共育活动形式多样，有家长会、家长课堂、家长助教、家长开放日、家长义工活动、家长代表大会、家长表彰大会、家园联欢晚会等。我们开展的亲子活动丰富多彩，有亲子同乐活动、亲子节日活动、亲子展演活动、亲子健身活动、亲子读书活动、亲子实践活动、亲子春游活动、亲子义卖活动。这些活动充分发挥了家庭与社区的教育资源的作用，转变了家长的教育理念，提高了家长的育儿水平，促进了幼儿多元发展。

六、主要成效

经过几年的探索和实践，我园的家园共育工作呈现出良性循环，家长的综合素质和科学育儿水平有了较明显的提高。家长课堂到课率达93%以上，在近几年家长学校"家长课堂学习心得"和阅读"父母课堂学习心得"的评比中，有300多名家长撰写的心得获得优秀奖励，200多名家长被评为优秀学员。家长对家长学校的满意度达100%。

家长学校的教师们在教育教学中也结出了丰硕成果：幼儿园被评为茂名市优秀家长学校，1人被评为茂名市家长学校优秀校长，1人被评为茂名市"全国规范化家长学校实践活动实验区"

优秀教研员，4人被遴选为茂名市基础教育家长学校教育研究中心局直属学校幼儿园大班教育研究组成员，2人被评为茂名市名班主任，1人被评为茂名市教育系统优秀班主任，4人被评为茂名市市直优秀班主任；课题《在幼儿园开展"角色体验式"家庭教育的研究》获得2020年广东省中小学教育创新成果三等奖；典型案例获省级奖励1个，家长学校方面的论文获市级奖10多篇，市级优秀教案、课例3篇；课题《家庭教育协同开展幼儿财经素养教育的实践研究》获得省级立项；编撰家长学校校本课程以及成果集共9册。

我们的"第一次"

自从2016年成立家长委员会以后,我们不断创新,开展了一系列家园共育活动,于是便有了我们许多的"第一次"。后来,这些"第一次"基本都成了我们的常规活动。

第一次举行"6·30"亲子义卖活动

2016年6月29日,在家委会会长杨东强的建议下,我们举行了首场"扶贫济困日"亲子义卖活动。

活动那天,时间一到,家长们就带着孩子马上摆开了摊位,简直就是"八仙过海,各显神通",摆卖什么的都有,你根本就想象不到会有这么多的种类:孩子们玩的各种各样的玩具、娃娃,孩子们用的各种各样的生活用品,孩子们学习用的各种各样的图书、文具、学具,大人、小孩都喜欢吃的各种各样的点心、茶点,甚至还有小鱼、青菜、糖水等,简直比超市里的东西还要多!真是令人叹为观止!摊位的摆放也是五花八门,有用箱子的,有用桌子的,有用垫子的,有用凳子的,有用布的……整个就像一市场,十足的跳蚤市场。吆喝声、叫卖声、讨价还价声混成一片,场面非常热闹!家长和孩子们卖得开心,买得快乐,一派其乐融融的景象!

卖东西所赚的钱，孩子们一一拿到捐款箱捐赠，有的孩子甚至赚到了八十多块钱拿来捐赠。最后，捐款的孩子在签名板上签名留念。这都体现出了孩子们浓浓的爱心和善意！

通过这样的义卖捐款活动，孩子们从中学到了很多东西：学会怎么买卖，学会怎么吸引顾客，学会怎么讨价还价，学会怎么算钱，学会献爱心，学会帮助人，等等。

这样的活动真的很有意义！我决定把这项活动作为我们幼儿园的传统活动，在每年的"'6·30'扶贫济困日"都如期举行。

第一次召开家长代表大会

2016年11月15日，我们成功召开了第一届家长代表大会暨父母学堂成立大会。

由于会前我们和家委会常委做了多方研讨和充分的准备，会议的每个议程都按计划开展得很顺利，很紧凑。我的致辞阐述了成立家委会、召开家长代表大会的初衷和意义，并对家委会成员提出了寄望；颁发家委会成员聘书的时候气氛有点热烈，也有点隆重；宣传部部长彭丽娟宣读《家长委员会章程》，让大家了解了家委的权利与义务；车小妍副园长宣读《家长委员会常委职责》，使大家了解了家委会七个部门的分工与职责；杨东强会长的发言既表达了对幼儿园工作的充分肯定，又对以后全力做好家委会工作表了决心。最后的分组讨论环节，各组也初步发挥了各部门的职能作用。

通过这次会议的召开，我们和家委会这个群体已经拧成了一股绳，打开了非常好的家园共育工作新局面！

第一次在家委会的协助下举行徒步节

2016年11月19日，经过幼儿园和家委会周密精心的准备，我们如期地开展了茂名市第二幼儿园亲子健身徒步节活动。

徒步是一种低碳环保的出行方式，也是一种健康快乐的锻炼方式，广受众人的喜欢，而亲子健身徒步活动就更受家长的青睐了！一大早，我们就在永久桥的桥头集合，大家都来得很准时，八点钟我们就准时开始了。在我讲完话、颁完旗后，家长和孩子们就一个班一个班轮着喊口号出发了。只见大家都兴致勃勃，情绪高涨，气氛非常热烈！

今年因为受小东江改造工程的影响，我们徒步的路线有所改变，要走江滨那段小马路。那段路路况不好，人行道没法走，沿途也停了很多车，而且车流量也不少。幸亏我们的家长义工非常给力，在安全部部长朱海的带领下，全程井然有序，万无一失。过了江滨公园后，还要横过马路。幸亏我们请了派出所的警察，他们开着警车、响着警铃为我们阻拦行车和行人，在家长义工的护卫下，所有的家长和孩子都顺利地通过。

在整个徒步活动的过程中，家长义工真的为我们做了很多工作，我发自内心感激他们。这次徒步活动我们确实是很充分地调动了家长的力量。我深深地感受到，家长的力量真的是无穷大的，有他们的鼎力支持，我感到非常安心了！与去年的因为单打独斗而惴惴不安相比，我今年是坐亭观望了！真是天壤之别呀！受此启发，我以后更要调动各方家长的支持，把他们的各种资源都调动起来，为我们的幼儿园、为我们的孩子共同服务。

第一次举行"父母学堂"家长讲座

2017年1月10日,我们开启了茂名市第二幼儿园父母学堂的第一期讲座,由我们的家长委员会学术部部长王志军主讲,主题是"中国传统文化与当下教育"。

王部长给我们打开了思路,他从文学、历史、艺术、建筑、中医、饮食、哲学等方面给我们阐述了中国传统文化。中国传统文化确实博大精深,值得我们去好好学习和传承。王部长对中国的文学、哲学、历史等方面的认识较为深刻和全面,他的讲座让我们深受启发,受益匪浅。

父母学堂算是开了个头了,但愿在接下来的日子里能越办越好,能真正成为家长学习和交流的好平台。

第一次举行家园迎春联欢晚会

2017年1月14日,我们幼儿园举行了第一次家园迎春联欢晚会。

本来也预计到晚会会非常成功的,但没想到会这么精彩!我想这场晚会应该是所有在场的老师和家长参加过的晚会当中最开心、最难以忘怀的!

节目的形式非常丰富,有钢琴、古筝、画画、刺绣、吹笛、诗朗诵、唱歌、跳舞、手语、小品、童话剧,还有游戏,另外还有书法大师现场即席挥毫写"福"送给在场的每一位带回家。内容既有艺术性的,又有诙谐搞笑的,主持人也风趣幽默、妙语连珠。整场晚会笑声不断、欢呼不停,高潮一浪接一浪,现场气氛热闹非凡！这简直就是一场狂欢会！我想，这样的晚会去到哪里都有点难找得到了！

这也为二幼开创了家园同欢的历史先河，并打下了家园迎春联欢晚会的良好基础，定下了非常好的基调。

家长护卫队的第一次雨中晨接

2017年3月9日，是我们成立家长护卫队以来第一次雨中晨接的日子。

以往幼儿园门口在雨天晨接时都会很堵，因为小车太多，家长又停车又送孩子，场面一般都会有点混乱。然而，现在我们有了家长护卫队，情况就完全不一样了。

今天早上的雨时大时小，本来就不是那么方便的。然而，有几个家长义工却一直都坚持帮忙接孩子，撑着大大的雨伞把在车上的孩子一个个地接下来，送进大门内。虽然雨一直没停过，雨水都沾湿了爱心家长的衣服、鞋子，但他们却全然不顾，使得我们的孩子在他们的护送下一个个都干干爽爽地走进幼儿园。大家都被他们的行为所感动。

我不禁拍下了他们的美丽瞬间，也禁不住拼了个图发到家委会的群里，想不到引来一片赞声，还激起了一些家长想当义工的愿望，这期间还引来一些幽默对话，充满温馨和正能量。最令我想不到的是，后来居然不知什么人在朋友圈转发了这张照片，继而引来照片中的熟人的"质问"。这传播速度也未免太快了！看来在这个年代大家都喜欢传播正能量，而且传得很快很广。

其实我的本意是营造一种爱的氛围，为孩子和家长树立好榜样，所以我总是高调地赞扬他们，目的是激发更多的家长加入这个行列，看来成效越来越大了，甚至在社会上产生影响了。

第一次亲子晨跑

2017年3月16日，因为天公作美，我们终于如期开展了第一次亲子晨跑活动！

一大早，很多家长和孩子便来到了新湖公园，兴致勃勃地参加亲子晨跑活动。很多家长是因为要陪孩子，才迈开了很久没跑步的腿。而孩子们则因为既有爸爸妈妈的陪伴，又有同学做伴，跑跑走走，有说有笑的，整个过程很开心！孩子们跑完后还可领取幼儿园颁发的一张晨跑卡，攒够10张后可得到奖励。虽然只是一张小小的晨跑卡，孩子们领到后还是觉得很珍贵，也给了一些孩子参加晨跑的动力。

新湖公园景色优美，空气清新，道路平坦，早上在里面跑步既是一种享受，也是一种很好的锻炼方式，并且能培养孩子的耐力和坚持力，可以说是一举多得。而新湖公园就在我们二幼的门口，对于我们来说是一种最具优势的地理资源，如不充分利用真的很可惜！现在终于想到了这种利用方法，真好！

第一次举行家长成员课题研讨会

2017年11月9日，我主持召开了第一次《积极心理学背景下的幼儿养成教育研究》课题家长成员研讨会。

我准备的时间非常仓促，加起来也就一天的时间，所以走上讲台时是没有什么信心的。幸亏我提前做好了随机应变的准备，加上了视频、图片、小活动、小游戏、音乐等，让家长在边听的同时还边思考、回忆、写、感受和体验。所以，效果还算不错，现场气氛也还好，大家都很认真、很投入，有些人还感动得直流眼泪。

过后，看到个别家长的反馈，令我感到很欣慰！有一个家长说：在研讨会上写完就流泪了，要完成那三张纸的内容真是心灵受到震撼。园长讲得很好，最主要是讲的知识我们之前没有接触过，又有与家长的交流，真的受益匪浅。

还有一个家长在朋友圈发信息：今天去参加孩子幼儿园园长开展的课题研究，很有上大学时去听讲座的感觉，园长和我们做了三个小游戏来让大家深入了解这个课题，真的很有意思！发现自身优势、现状的满意度调查，学会感恩生活中的点滴，这些都是积极心理的体现，其实积极心理对于自身发展和教育孩子都是有很重大影响的，值得去认真学习一下，有那么一刹那想像当年上大学时开展调研来一篇论文……

走进"安吉游戏" 悦见师幼成长

初次了解"安吉游戏",是在2017年11月参加广东省幼教培训团队专项研修的第一学习阶段网络课程学习时,聆听了来自浙江省安吉县教育局副局长讲的"安吉县推进学前教育改革和发展的具体举措"。那时给我留下的深刻感受是:"安吉游戏"是理想的教育,是教育的理想。那时曾经以为这种理想对于我来说遥不可触,没想到事隔六年后,我能有幸真正走进"安吉游戏","悦"见儿童成长。

一、走进"安吉游戏"

2023年11月,在岭南师范学院徐宝良教授的带领下,我们幼儿园一行10人去到了浙江湖州市的"安吉游戏"实践园及安吉县的幼儿园参观学习。此行我们共参观了8所幼儿园,虽然每所幼儿园都各具特色,但每所幼儿园都有一个共同点,那就是:把"安吉游戏"的"爱、冒险、喜悦、投入、反思"的理念践行得淋漓尽致。目睹这种理想的教育模式,我的思想受到了很大的冲击,我立下决心,回到幼儿园后一定要开展"安吉游戏"。

2023年12月,应徐宝良教授的邀请,我带队去湛江参加"安吉游戏"论坛。虽然这次论坛只有短短的两天时间,然而,通过聆听安吉游戏研究中心戴艺主任的讲座"儿童发现世界,教师发现儿童"和章洁老师的讲座"'安吉游戏'课程的实践与思考",我对安吉游戏在理论上有了更深一层的认识,也使我更加坚定了开展"安吉游戏"的信念。

二、了解"安吉游戏"

"安吉游戏"无论在国内还是国际都极具影响力!

(一)国内影响力

2019年8月22日,国务院《关于学前教育事业改革和发展情况的报告》中明确指出:"'安吉游戏'的实践探索得到国际学前教育界高度肯定,成为中国学前教育一张靓丽的国际'名片'。"2022年12月,教育部在全国设立61个"安吉游戏"试验区、177个"安吉游戏"实践园。

(二)国际影响力

人类已经进入了以人工智能为代表的"第四次工业革命"的时代。2020年1月14日,世界经济论坛发布的最新报告《未来学校:为第四次工业革命定义新的教育模式》白皮书提出"教育4.0框架"。该白皮书认为:第四次工业革命需有与之相适应的教育模式。为了寻找这种教育模式,世界经济论坛在全球范围内发布了一轮"寻人启事"。这里要寻找的教育模式的标准包括:符合或高于4.0框架;具备推广的潜力;悦纳多方利益者的设计与实施方案;明显改善学生学习效果、学习方式或学习体验。基于此,世界经济论坛在世界范围内遴选出16个"能够为未来做准备"的教育模式。而"安吉游戏"就是其中的一个,还排在首位。

三、筹备"安吉游戏"

2023年12月,我们开始开展"安吉游戏"的筹备工作。

首先是进行场地划分。我们分别划出了小、中、大每个级组各六个区，分别有沙区、水区、涂鸦区、建构区、游戏架、运动场、小山坡等，使得每个年龄段的孩子都有适合他们开展游戏的场地，并且满足了全园18个班同时在户外开展游戏的需要。

其次是开展学习分享。让到湖州、安吉参观学习和到湛江参加"安吉游戏"论坛的老师们给全园教师做学习分享，他们通过分享在湖州、安吉幼儿园看到的视频案例，以图文并茂的形式呈现了"安吉游戏"的精神内涵"爱、冒险、喜悦、投入、反思"；他们还分享了对"安吉游戏"课程实践的思考，包括对环境、场地、材料、时间等方面的创设革新。他们的分享使得没外出学习的老师们对"安吉游戏"也有了初步的了解。

第三是举行"世界咖啡"研讨会。我们以"世界咖啡"的形式，围绕"各个级组的游戏场地可以搜集哪些材料及如何搜集"这个问题开展研讨。我们本着"不批判、不质疑、不评价"的原则，进行小组循环式讨论，集思广益。最后再由三位桌长整合内容后进行分享。"世界咖啡"的形式，凝聚了老师们的集体智慧，也让大家对材料的准备有了初步的方向和思考。

第四是阅读书籍。我们给每位老师都购买了一本《放手游戏　发现儿童》，让老师们在寒假期间深度阅读。老师们通过研读，对"安吉游戏"的理念、安吉幼儿园课程、游戏材料投放、游戏环境创设、游戏时间安排、放手与退后、观察与发现、家长工作等都有了较深的认识。

第五是准备材料。为了顺利开展"安吉游戏"，我们从寒假开始，就根据"世界咖啡"研讨会研讨出的材料清单，发动家长收集材料。春季开学后，我们对幼儿园的所有材料进行了统整，然后分配到适宜的各个游戏区域，然后再添加上家长收集的适用的材料，为游戏的开展做好了充分的物质准备。

四、开展"安吉游戏"

2024年2月27日,我们幼儿园开始全面开展"安吉游戏"。上午8:50—10:00,全园幼儿一起到户外参加自主游戏活动。幼儿园的户外变成了一片欢乐的海洋。孩子们充分自由地玩耍:玩沙、玩水、玩石子、玩泥巴、玩体育器械、爬树、涂鸦、搭积木……在宽松自主的氛围中,孩子们的天性得以充分释放,脸上写满了喜悦!虽然只是刚开始,老师们也基本做到了管住嘴、放开手,很多老师都在观察、拍视频、拍照。游戏后让孩子们进行表征,老师进行倾听和记录,有些班还粘贴好了袋子进行展示。

此后,我们每天上午都开展一个小时的户外自主游戏,然后孩子们进行表征,有时还进行分享和讨论。教师则在孩子表征后进行一对一倾听与记录,在孩子进行分享和讨论时给予适当的支持与引导。

五、收获师幼成长

游戏开展了两个月的时间后,我们可喜地看到,教师和幼儿都有了明显的进步。

(一) 教师的理念有更新

通过"一点点放手+一步步尝试",逐步推进真游戏,教师的教育理念不断得到更新。一是放手游戏,发现儿童,改变了儿童观。通过放手倾听儿童心声,通过心声发现儿童需要,从深化理解观念开始,重新认识游戏对于儿童的重要价值和意义。二是看懂游戏,理解儿童,改变了教育观。以儿童为立场,对照《3—6岁儿童学习与发展指南》精神,根据游戏中的儿童的表现,不断提升自己游戏观察和指导的能力,教师越来越能看懂游戏,理解儿童,从而改变了教育观。三是回应游戏,追随儿童,改变了课程观。教师通过倾听了解幼儿游戏表征中的想法、需求、经验和水平，给予适宜的支持，关注幼儿纵向和横向的发展变化，鼓励、引导和吸纳幼儿参与游戏评价。

（二）幼儿的行为有转变

在开展这场"让游戏点亮儿童的生命"的游戏革命中，正因为教师做到了"闭上嘴，管住手，竖起耳，睁大眼"，做到了"最大程度地放手，最小程度地介入"，使得幼儿在游戏中真正做到了自由、自在、自主。短短两个月的时间，孩子们的各种能力都得到了快速发展：运动能力增强了；语言表达能力增强了；自我保护的能力增强了；合作交往的能力增强了；解决问题的能力增强了；绘画水平提高了；想象力和创新能力得到了充分发挥；反思力、专注力、探索力得到了很大的提升；养成了良好的收纳与整理的习惯；等等。总之，孩子们在游戏中全面发展、在游戏中快乐成长。

2024 年 4 月 23 日

芳华四秩，美善相传

——茂名市第二幼儿园建园 40 周年纪念活动

1984 年，这本是岁月长河中一个平凡的数字，但在每一个二幼人看来，这却是最不能忘怀、最闪亮的数字。只因这一年，是茂名市第二幼儿园建园的日子。回望四秩园史，一代代二幼人同心育爱，童心育人，施美善教育，修美善之师，在传承中创新，在创新中前行，在前行中发展，如天鹅般志存高远，乐教善导，行美致远，在平凡的岗位上书写了不平凡的业绩，用自己的奋发进取奠定和铸就了今日二幼的荣光。借幼儿园建园 40 周年之际，我园开展了"六个一"纪念活动：一个视频，一本画册，一个展览，一次聚会，一场演出，一系列主题教育活动。

一、一个视频

视频的内容主要有四个部分：

一是忆起——"'美善'星火　未来绚耀"。

首任园长是杨兰英园长。建园初始，幼儿园开设了 5 个教学班，近 200 名幼儿，28 名教职工。杨园长和老师们秉持着"发展幼儿、成就教师、服务家长"的宗旨，将爱心、耐心、真心融入工作中。

二是奋斗——"改革奋进　铿锵奠基"。

1996 年，徐昭媛成为第二任园长。她艰苦肯干，带领教师团队迈着坚实步伐稳步向上。在上级领导的鼎力支持和教师团队的共同努力下，幼儿园里的低矮楼舍成了明亮楼房，扬尘操场换了缤纷亮彩，5个教学班扩大为12个教学班，育人美名远扬，获得社会广泛赞誉。

随着办学实力的快速提升，茂名市第二幼儿园奋翅登高，成为首批广东省一级幼儿园、广东省绿色幼儿园，并先后被评为全国巾帼文明岗、广东省巾帼文明岗、广东省餐饮服务食品安全分级管理A级单位、广东省餐饮服务食品安全示范单位。

三是创新——"文化绽放　开拓创新"。

2014年8月，我担任第三任园长。我和全体二幼人昂首奋进，以用心、倾心、诚心、匠心书写了一份亮丽的新时代答卷：

用心铸就，打造教育环境美善化。先后立项建设了新教学楼、花园式露台运动场、大型游戏架、天鹅雕塑、艺术长廊等，努力创设融洽和谐、动静相宜的校园生活环境，将美育渗透于校园文化建设之中，用耳目能及的美和诗意，陶冶童心之真与善。

倾心改革，推进教育内涵多元化。组织开展了一系列内容丰富、形式多样的体验教育活动，让孩子们在探索、实践、学习、感悟中，获得全面和谐发展。

诚心服务，实现家园教育同步化。通过举办家长专题讲座、开展家长课堂活动、举行各种亲子活动，实现教育向家庭的延伸，构建家庭、幼儿园、社会"三位一体"协同育人的教育新生态。

匠心打造，推进教师队伍优质化。幼儿园通过培训学习促提高、聚焦问题共研习、以赛培优推成长、青蓝工程携手进、课题带动促成长等多项措施，培养了一大批茂名市学前教育的中流砥柱。

四是辉煌——"'美善'赓续　悠远传承"。

凤凰花开,桃李芬芳,茂名市第二幼儿园始终坚持"美善育人"的理念。

建园以来,茂名市第二幼儿园已培养了40届毕业生,园友遍及各地,一批批德智体美劳全面发展的社会主义接班人,正在不同的领域为社会贡献力量。

自成立以来,茂名市第二幼儿园一直得到各级领导的关怀和支持,各级领导对市二幼的发展给予高度评价,寄予殷切期望。

立德树人,为国育才,是全体二幼人的真挚初心和光荣使命。二幼人将继续扎根粤西大地,为建设教育强国、实现中华民族伟大复兴而奋斗。让我们一起期待:下一个桃李盛放的40年,又一曲芳华满路的动人华章。

二、一本画册

画册共有6个章节,分别是《印象》《传承》《锻造》《耕耘》《风华》《启航》。

首先是《印象》。茂名市第二幼儿园始建于1984年,是茂名市教育局直属公办幼儿园,是首批广东省一级幼儿园、广东省绿色幼儿园,现有18个教学班,教职工100余人。市二幼占地面积6300m^2,建筑面积4500m^2,运动场面积1502m^2,绿化面积3500m^2,一共有三栋教学楼,分别是至真楼、至善楼、至美楼。教学楼内设有党建活动室、科学发现室、美工活动室等功能室,户外设有大型双层木质结构游戏架、沙池、小山坡、小溪等自主游戏区,为幼儿的生活、学习、游戏、运动提供了多元化、多维度、多形态的环境支持,是孩子们幸福成长的乐园。

其次是《传承》。初心回望,薪火相传。幼儿园的历任园长分别为杨兰英、徐昭媛、吴木琴，历任副园长分别为邓莲芳、车小妍、江辉、陈洪樱。在市二幼的历史上，她们励精图治，奋斗不息，守护着幼儿园这片热土。从40年的悠悠历史中走来，茂名市第二幼儿园的蓬勃发展，离不开政府、领导的鼎力支持，也离不开社会各界人士的倾心相助。1984—2024，一幅幅照片，由远至近，沿着40年的时光隧道，记录着市二幼办园条件不断改善、办学水平不断提高、办园规模不断壮大的美丽蜕变，述说着一代代二幼人默默耕耘、美善相传的坚守。

第三是《锻造》。师者匠心，至真至善。辛勤的二幼人，不忘从教初心，担当育人使命，精耕细作，脱颖而出，名师辈出，现有正高级教师3名，广东省特级教师5名，茂名市名园长、名教师、名班主任8名。四十载风雨兼程，四十载青春如歌，不变的是师者心，永恒的是师者魂。他们乐教善导，用生命启迪智慧；他们暖如春风，用爱心滋养幼苗；他们勠力同心，凝聚成一支专业、敬业的教师队伍。

第四是《耕耘》。党建工作是我园整体工作的"方向盘"和"压舱石"，我们以"抓党建促幼教"为工作思路，秉持"以美善育人，育美善之人"的办园理念，践行红、橙、黄、绿、青、蓝、紫"七色"工作法，建设善学、善仁、善义、善礼、善智、善信"六善"党员队伍，红色传承，童心向党，彰显"美善"党建文化魅力。

美与善，是我们追求的至上境界。我们通过设置美善的课程来培养美善的幼儿，形成了中华优秀传统文化教育和体验式养成教育两大课程体系，结合幼儿的一日生活，整合家校社资源，开展多彩活动，创设多元体验场所，让孩子在玩中学、做中学，在体育方面培养幼儿健美的体魄、优美的体态，在智育方面培养幼儿善学、善思，在德育方面培养幼儿的善心、善言、善行，在美育方面培养幼儿欣赏美、表现美、创造美的能力。

第五是《风华》。日积月累的辛勤耕耘，赢来丰盈的硕果。一块块奖牌、一座座奖杯、一张张奖状，见证着我们的成长，激励着我们继续坚定前行。春华秋实，幼苗茁长。孩子们在市二幼这片沃土上，自信绽放，花开满园！

第六是《启航》。四秩浮光掠影，叩响你我心门。

依依不舍，我们的相聚
念念不忘，我们的曾经
孜孜不倦，我们的追求
生生不息，我们的希望
朝阳在前，微风在后
仁爱在左，责任在右
来吧，
让我们
继续携手
欣赏、诠释
——爱
爱，是真善美
爱，是永无止息
来吧
让我们
乘着建园40周年的春风
扬帆启航
悦启未来

三、一个展览

四秩时光穿梭，传承、积淀、绽放；四秩岁月印记，回溯、典藏、憧憬。在建园40周年之际，我园秉持"以美善育人，育美善之人"的办园理念，基于中华优秀传统文化教育园本课程，举办了"芳华四秩　美善相传——茂名市第二幼儿园2024年艺术周传统文化艺术展"活动，秀出"一班一坊，一坊一特色"的风采。18个工艺坊，18般"武艺"；传统文化，熠熠生辉；美善相传，献礼四秩。

（一）石头坊

家长和小朋友一起利用拼贴、彩绘等技艺制作的体现二十四节气特点的石头画，代表着幼儿园40年以来经历的四季更迭，以及延续、传承的美善文化。

（二）造纸坊

孩子们用心制作出一张张特别的纸张，借助染料、花草制作了彩色花草纸，又利用这些纸制作灯笼、许愿树。他们还在自己造出的纸上画下对幼儿园40周年的祝福话语，表达对幼儿园的深深热爱。

（三）扎染坊

以蓝、白色调为主，围绕40周年园庆，遵循孩子们的兴趣，对帽子、围巾、衣服、发圈、枕头等生活中常见的物品进行扎染设计，借此献礼二幼。

（四）拓印坊

孩子们利用幼儿园的植物进行植物拓印，幼儿园的每一种植物都有独特的姿态和色彩。孩子们巧妙利用各种树叶、花瓣拓出二幼之美，印出美善之风。另外还设计了专属40周年的拓印蛋糕庆祝园庆。

（五）本草坊

这里展出的有供幼儿望闻识尝的各种草本植物，有供幼儿阅读的《本草纲目》绘本，有幼儿的手工小制作——陈皮、干花、香包等，还有常见的药材制作汤谱等，体现了二幼在文化传承和食育传承方面的智慧。

（六）脸谱坊

孩子们自主选择自己喜欢的物件为其设计色彩，画上自己喜欢的脸谱，这些脸谱作品，都是孩子们利用不同的载体制作而成的，如有雨伞、扇子、蛋糕碟、纸盒子等制作而成的脸谱。

（七）青花坊

整个青花瓷展线条简洁明快，体现了青花瓷的工艺特点。突出之处是有一条腾空而起的青花龙，龙鳞用精美的青花瓷碟组成，呈现了青花瓷与众不同的美感。还有一条青花瓷裙，裙摆上的青花图案都是由孩子绘制而成，远看像一朵朵盛开的花朵。

（八）染艺坊

老师和孩子们以布料、纸张、陶瓷、小饰品等为载体，通过滴染、点染、晕染、蜡染、喷染、扎染等不同的染艺技法，染出各种作品，呈现出不同的艺术效果，展现出不同的艺术魅力。

（九）刺绣坊

本坊的作品主要分为三个系列：园徽系列、蛋糕系列和幼儿园场景系列。孩子们用他们的巧手和智慧，将我们幼儿园的园徽巧妙地绣出来。刺绣蛋糕栩栩如生，每一件作品都饱含着孩子们对幼儿园的生日祝福。孩子们用刺绣描绘出幼儿园的各个场景，让我们真切感受到了孩子们在幼儿园的快乐时光。

（十）版画坊

版画展的第一个亮点在于人物与景物的完美结合，第二亮点是版画与色彩进行碰撞。孩子们制作的版画"全家福",刻画出的每一个人物都是独一无二的。幼儿园的大门、榕树、游戏架、小天鹅雕塑等熟悉的景象都在版画中一一呈现。生活中熟悉的布袋、书签、扇子,都成了孩子们版画的载体。生活与艺术相结合,碰撞出不一样的感觉。

(十一)纸艺坊

展览以剪纸和折纸作品为主。一张张彩色的纸张,在孩子们的手中变成了飞翔的蝴蝶、展翅高飞的凤凰、绽开的花朵,非常有创意。剪纸作品主要以窗花为代表,寓意着美好的愿望。

(十二)美扇坊

扇子的装饰丰富多彩,有彩绘涂色扇、宣纸系列画作扇、折扇、非遗漆拓扇、水拓扇、干花团扇等,在每个扇子的下面还有一个二维码,通过扫一扫可以听到孩子们录制的对幼儿园的美好祝福。

(十三)木工坊

孩子们把美好的事物绘画在木板上,再拼贴成三大板块的中国、茂名、二幼的地标图,表达了"我是中国茂名二幼人"的身份认知;形状不一的木块和长短不一的木棍,通过"小木匠"测量、切割、拼贴,一幅幅拼贴画由此而生:别具一格的木屋,高大威猛的城市守护者,三三两两相聚的大小朋友,还有和谐相处的动物朋友……这些作品无一不展示了童匠们的创新精神和对生活的热爱。

(十四)编织坊

孩子们的作品既是大自然和生活的再现,又充满了想象力。他们用毛线、毛球、纸盘、棉线、一次性筷子、扭扭棒、雪糕棒、藤线等材料,通过打结、绕线、编织、挑一压一等技法,编织了狮子、小鱼、小鸡、乌龟、鳄鱼、蝴蝶、中国结、小人等作品，充分体现了孩子们在编织过程中的耐心、专注和创新。

（十五）贝壳坊

这里是将美丽的贝壳变成艺术品的地方。孩子们发挥自己的想象力，选择自己喜欢的贝壳和工具，制作出属于自己的独特艺术品。有白色贝壳和白色羽毛做成的天鹅，有涂上各种颜色的贝壳做成的小鱼和相框，有小巧精致的贝壳穿成的钥匙扣和亲子作品风帘，还有各种贝壳做成的拼画。这些作品不仅美丽，而且富含寓意。

（十六）水墨坊

孩子们利用墨和水的碰撞，运用各种辅助工具、材料进行印、画、涂、甩，肆意挥洒涂鸦，巧妙地通过水墨画表达自己对幼儿园的认识——园徽、园景、幼儿园的花草树木等，并呈现在展区内。此外还充分利用家长资源，让家长和孩子一起进行创意水墨画的创作，让大人、小孩都能一起感受水墨的魅力。

（十七）泥塑坊

孩子们采用日常轻便易取的彩色黏土，通过借助不同的泥塑工具和辅助材料，运用不同的泥塑技法（如捏、搓、揉、接、盘等），捏造出各式各样的泥塑美食、泥塑植物、泥塑相框等，这些作品或素或彩，惟妙惟肖，无不透露着小朋友们对于二幼40岁生日的真切祝福。

（十八）陶艺坊

每个音符都有爱的声音，这是以园歌为主题的陶艺展，整个园歌板块由五线谱、陶艺音符和孩子们设计的园歌图谱组合而成，体现了幼儿园的生活多姿多彩。孩子们创造了一系列与幼儿园有关的陶艺品，包括"幼见花开""我爱二幼一'杯'子"

"如果祝福有形状，那应该是蛋糕的模样""一'瓶'一笑皆是美好"等。每一件作品都蕴含着孩子们的创意，体现了孩童的天真与烂漫。

四、一次聚会

2024年6月8日上午，我园举行了"茂名市第二幼儿园建园40周年园友欢乐聚"活动，我们的家委会顾问王志军、园友代表曾强、原园长徐昭媛、原副园长车小妍、家委会会长杨东强、市二幼全体教职工以及200多位园友欢聚一堂，共同庆祝茂名市第二幼儿园建园40周年。

清晨，幼儿园的门口已是人声鼎沸，园友们从四面八方赶来，每个人的脸上都洋溢着喜悦与期待。活动在热烈而温馨的气氛中拉开帷幕。

首先是代表讲话。我代表幼儿园致欢迎词，并和大家一起回顾了幼儿园40年来不平凡的发展历程。原园长徐昭媛深情地回忆了自己在幼儿园度过的难忘的日子，分享了与孩子们共度的美好时光。那些温馨的故事、感人的瞬间，在她的讲述中一一呈现。园友代表曾强用幽默的话语讲述了自己在幼儿园度过的快乐时光和成长经历，表达了对幼儿园深深的感激之情。他的发言充满了真挚与感动，让在场的每一个人都为之动容。

接着是节目表演。小班幼儿表演了舞蹈《彩虹糖》。他们身着色彩斑斓的服装，如同彩虹般绚丽夺目。他们的每一个跳跃、每一个转身，都充满了童真与童趣，仿佛将观众带入了那段纯真无邪、无忧无虑的童年时光。孩子们的笑容如阳光般灿烂，他们的舞蹈充满了生命的活力，为整个活动注入了无尽的欢乐。

中班幼儿表演了舞蹈《梦想的列车》。他们用自己的方式表达了对未来的无限憧憬与追求。每一个动作都充满了力量与自信,仿佛预示着他们将在未来的道路上勇往直前、追逐梦想。

大班幼儿表演了舞蹈《可爱的小天鹅》。他们宛如一群优雅的天鹅在舞台上翩翩起舞,舞姿轻盈而优美,每一个动作都充满了美感。观众们仿佛被带入了一个梦幻般的世界,与孩子们共同感受到了舞蹈的魅力与美好。

在节目表演的过程中,我们还穿插着向教师及园友代表赠送了纪念品。孩子们以纸寄情,以笔续爱,以绳系心,以泥塑意,用他们的小手制作了精美的手工艺品,表达了对老教师、园友代表的敬意与感激。这些手工艺品虽然简单,却充满了孩子们的心意与祝福。老教师代表和园友们接过这些纪念品时,脸上露出了幸福的笑容,心中充满了温暖与感动。

随着活动的深入进行,"忆往昔"环节将活动推向了另一个高潮。在这个环节中,大家纷纷参与到游戏中来,仿佛回到了童年时光,重温了那些无忧无虑的日子。

接近尾声时,大家齐聚一堂进行大合影留念。在镜头前,每个人都露出了最灿烂的笑容。这一刻,他们不仅是茂名市第二幼儿园的园友和老师,更是这个大家庭中不可或缺的一员。他们共同见证了幼儿园的成长与变化,也共同期待幼儿园未来的发展与壮大。

活动结束后,老教师和园友们自由分成三组,分别参观了小、中、大班的教室。看着熟悉又陌生的教室,感受着各班的传统工艺特色,他们仿佛又回到了那个充满欢声笑语的年代,心中充满了温暖与感慨。他们回忆起自己在这里度过的日子,那些快乐时光,仿佛就在眼前。

此外,老教师和园友们还参观了茂名市第二幼儿园的艺术展。在这里,他们被师生们共同创作的精美作品深深吸引。每一幅画作、每一件手工艺品都凝聚了师生们的心血与智慧，展现了他们对艺术的热爱与追求。园友们纷纷驻足欣赏，赞叹不已。这些作品不仅展示了孩子们的艺术才华，更体现了幼儿园深厚的文化底蕴和艺术氛围。

五、一场演出

6月15—16日，我们举办了"芳华四秩，美善相传——茂名市第二幼儿园2024年艺术周文艺会演"。这场文艺会演连续举办了两天，市里多位领导出席活动，市二幼家委会顾问及常委、法制副校长、法治副校长、健康副校长、集团园园长、姐妹园园长、全园幼儿及家长观看了演出。

活动伊始，市教育局领导发表了讲话。他对市二幼的教育工作给予了高度评价，希望市二幼能全面深化"幼有所育"的理念，迈向"幼有优育"的新境界，坚定践行社会主义核心价值观，不断提升教育教学品质，大力弘扬中华传统美德，坚守并传承优秀传统文化，精心守护每一位孩子的金色童年，为孩子们的未来奠定坚实的基石。

紧接着，孩子们献上了他们精心制作的传统工艺作品，表达了对来宾的敬意和感激之情。

随后是我上台致辞。我回顾了幼儿园40年的发展历程，我认为，从初创的艰辛到如今的辉煌，每一个细节都凝聚着无数人的汗水与付出。同时，我也对未来提出了美好的期许，希望幼儿园能够继续发扬"美善相传"的精神，研精致思，思源致远，谱写更新更美的篇章！

这一场演出，形式多样，内容丰富，精彩纷呈。

有鼓舞。随着激昂的节奏、欢快的鼓点，教师们的《欢欣鼓舞》点燃了现场的热情，每一个动作都充满了力量，展现了教师们对教育事业的热爱与执着。

有打击乐。大班级幼儿带来的打击乐《盛世欢歌》震撼人心，孩子们用稚嫩的小手敲击出激昂的旋律，展现出他们不凡的才艺与天赋。

有教师朗诵。朗诵《长大后，我就成了你》阐述了两位老师40年的教育传承的故事。这个感人的故事告诉我们，这就是教育的力量，也是传承的魅力。

有幼儿舞蹈。小班幼儿的舞蹈《彩虹糖》散发出无尽的童真与活力；中班幼儿的舞蹈《梦想的列车》让大家仿佛看到了梦想列车上的小乘客用画笔描绘心中的美好；大班幼儿的舞蹈《可爱的小天鹅》让我们犹如看到了一只只可爱的小天鹅在湖面上翩翩起舞。

有才艺展示。教师们精心准备了一场才艺展示——《巧手慧心才艺秀》，有版画、刺绣、染艺、泥塑等传统技艺，还有书法的现场创作，将我们带入了传统文化的雅致境界。

有武术表演。中、大班的孩子们带来了武术表演《中华小子》，他们以矫健的身姿、磅礴的气势，展现了中华武术的神韵与风采。

有童话剧。中班的孩子们带来了美善童话剧《红豆粥婆婆》，他们用纯真的表演，传递了善良与温暖的力量。

有教师舞蹈。舞蹈《江南水韵》让我们看到，教师们用曼妙的舞姿，勾勒出江南水乡的柔美画卷，仿佛让我们置身于烟雨蒙蒙、波光粼粼的江南水乡之中。

有三句半。节目《夸夸我们幼儿园》让我们看到了家长、孩子们和幼儿园之间的深厚情感。

有幼儿朗诵。大班幼儿为我们带来朗诵《小小的我，大大的梦》，他们用稚嫩的声音，诉说着自己的梦想，让我们感受到他们内心的坚定与勇气！

有小组唱。园长和老师们为大家带来小组唱《萱草花》，他们用深情而坚定的声音，诠释了温柔而坚定的爱。

六、一系列主题教育活动

各班结合本班的传统工艺坊，开展了幼儿园成立40周年"童心艺匠，献礼二幼"系列主题教育活动，各个主题的内容都涵盖健康、语言、社会、科学、艺术五大领域，促进了幼儿全面发展。

（一）小一班：只此青蓝，献礼二幼

根据小班幼儿的发展特点与青花坊的特色，结合园庆内容，开展了寻记忆中的青蓝、述心中的祝福、制青花手工艺品、布青花古韵展等系列活动，既锻炼了孩子们的动手能力，又激发了孩子们丰富的想象力，还增强了孩子们对幼儿园的认同感和归属感。

（二）小二班："艺"起玩水墨

通过开展趣探水墨、趣识四宝、趣调水墨、趣赏水墨等活动，让孩子们感受、发现和欣赏水墨的美。并通过渲染水墨、水墨吹画、水墨拓印等趣玩水墨活动，让孩子们在体验中感受水墨的独特韵味。孩子们把在趣玩水墨中创作的一幅幅充满艺术性的作品作为生日礼物献给幼儿园。

（三）小三班：遇见美扇，美善传承

围绕"至美至善"和"美丽二幼"两大主题开展活动，把美扇和幼儿园文化紧紧融合在一起，从了解幼儿园的历史、寻找二幼人到给幼儿园过生日、说甜甜的话（祝福语）、制作各种扇子、布置生日展等，使孩子们在参与活动中发现、创造，并学会感恩身边人。

（四）小四班：二幼"贝棒"

以园庆为契机，以贝壳为载体，从幼儿园的成长足迹、现在的模样和庆祝生日三方面开展活动，最终以贝壳相框、贝壳风铃、贝壳项链、贝壳蛋糕和贝壳天鹅等作品为礼物为幼儿园庆生，促进了幼儿创作能力和动手操作能力的发展。

（五）小五班：美善二幼，四"石"有你

将传统工艺与现代教育理念相结合，通过一系列以"石头"为核心元素的主题活动，让孩子们进行自主探索、自主创作、自主分享，将不起眼的石头变成了绚烂多彩的艺术品：精美的"石头蛋糕"、绚丽的"石头花束"、独特的"石头园徽"以及精致的"石头项链"等，献礼园庆。

（六）小六班：拓40年足迹，印美善之风

围绕"园庆+拓印坊"的形式，以"拓40年足迹 印美善之风"为主题展开了探索之旅。先后从初生、成长、蜕变到贺园庆，开展了一系列的活动。借助幼儿园里的各种元素，通过听、看、摸、玩，进行拓印，让孩子们感受中国拓印的魅力，在拓印过程中发现、欣赏幼儿园的美。

（七）中一班：乐染艺，贺庆典

围绕染艺坊的特色开展"乐染艺、贺庆典"主题活动，活动包括园庆大讨论、遇见美善二幼、乐善交往等内容，最后孩子们用点染、滴染、晕染、蜡染、喷染和扎染等手法染出了各种作品献礼二幼，培养了幼儿的艺术素养，提高了幼儿的动手操作能力。

（八）中二班：与"泥"相遇

活动有三大板块：一是"幼儿园长大了"，通过欣赏照片和视频，让幼儿了解"小时候"的幼儿园；二是"幼儿园真美丽"，组织幼儿观察幼儿园的环境，参观后开展谈话、绘画、手工、音乐等活动，让幼儿感受到现在在园学习、生活的幸福时光；三是"我为二幼庆生"，通过泥塑的手法，制作各种作品庆祝幼儿园建园40周年。

（九）中三班：肆秩芳华，纸见美好

结合纸艺的特点，开展了认识园徽的含义、设计园庆logo、制作生日蛋糕、唱园歌、制作纸艺花朵、吊饰、园庆贺卡等活动，锻炼了孩子们的动手能力，激发了他们的创造力，还增强了他们对幼儿园的归属感。

（十）中四班：看我七十二"编"

开展寻找幼儿园和家里的编织物品、欣赏编织工艺品、编织手工艺品等活动。孩子们用各种技法编织了鱼、乌龟、鳄鱼、蝴蝶、手绳、花篮等工艺品，作为生日礼物送给幼儿园。这些活动让幼儿感受了传统文化的魅力，培养了幼儿的耐心和专注力。

（十一）中五班：纸短情长话二幼

开展造纸和园庆相结合的主题活动，活动包括记忆、时光、新篇三个部分。记忆篇：让幼儿感受二幼的变化；时光篇：让幼儿了解什么是园庆，激发孩子对幼儿园的热爱；新篇：组织幼儿制作花草纸扇子、花草纸灯笼、花草纸书签、花草纸风铃等丰富多样的纸艺作品，献礼二幼！

（十二）中六班：本草拾趣

结合幼儿园里与本草有关的元素，开展灯芯的搭配、幼儿园汤谱的探讨、制作香包、制作陈皮、制作干花、制作龟苓膏等活动，引发幼儿对本草的兴趣，培养幼儿的探究精神。

（十三）大一班：美善家园，锦绣前程

以刺绣为载体，开展"岁月如歌""同长同乐""献礼二幼"

等活动,最终呈现了园徽系列、场景系列、蛋糕系列、纪念品等四类作品。这些活动发展了孩子们的手部精细动作,培养了孩子们的团队协作精神。

(十四)大二班:以歌叙情,"陶"你所爱

结合幼儿园园庆,开展了解幼儿园的历史、寻找身边的二幼人、统计园友、40以内的整十数、认识园徽、制作园徽、制作园歌中的音符、制作陶艺歌谱、我爱二幼一"杯"子、生日大讨论、生日礼物等系列探究活动,激发了孩子们对幼儿园的热爱之情。

(十五)大三班:印刻版画间,美善脉相传

以版画为媒介,以"美与善"为抓手,开展系列活动。活动分两大部分:其一,探索环境之"美",聚焦于园庆要素——园徽、园所环境、园歌;其二,体悟人之"善",生成了"寻找美善""版刻画——美善人物画像""百家姓""我为幼儿园过生日"等一系列活动。通过活动,培养孩子们的审美情趣和美善品质。

(十六)大四班:木育童匠,庆40周年

结合木工的艺术表达形式,以说、唱、做、画等不同的方式,开展了记忆中的幼儿园、现在的二幼、我给幼儿园过生日、送礼物、木工作品展等系列活动,为幼儿园园庆献礼,逐渐使孩子们萌发热爱幼儿园的情感,培养孩子们的想象力与创造力。

(十七)大五班:巧手庆国庆,靛蓝染春秋

结合扎染坊的特点,开展了关于幼儿园我想知道的事、我想送给幼儿园的礼物、创意扎染展三个阶段的活动,让孩子们亲身体验了传统扎染工艺的魅力,还激发了他们对传统文化的浓厚兴趣与探索欲,增强了他们的归属感和集体荣誉感。

（十八）大六班：快乐园庆，"京"喜不断

将脸谱文化与园庆结合在一起，提取与40周年相关的关键词，如"40""美善文化""老师的形象""百家姓""舞台"等，再由此衍生出一系列脸谱教育活动。在活动的过程中，又生成了很多幼儿感兴趣的活动，如制作周年小礼物、40周年脸谱创意画、京剧云肩等。这些活动，激发了孩子们对传统文化和幼儿园的热爱之情。

40年来，茂名市第二幼儿园打造了美善文化，为孩子们创造了温馨、快乐、美善的成长环境；40年来，二幼人用爱为孩子的生命倾注养分，为孩子插上腾飞的羽翼，为孩子灌溉幸福的心田。愿每一个在二幼这片美善沃土里成长的二幼娃都成为美善天使，长大后把美与善传播到社会上的每个角落！

2024年6月30日

学习体会

校长班研修报告

市教育局的领导一直以来都很重视校长队伍建设，为了提升校长们的综合素养，曾于2009年至2011年开展过一次为期三年的校长研修班。我有幸参加了这期研修班，收获匪浅。以下是我的研修报告。

一、研修目的

参加校长研修班的目的是：学习先进经验，开阔办学视野，提高理论水平、专业素质和管理能力，从而更好地指导学校的工作，使学校的发展不断跃上新台阶。

二、研修内容

研修内容包括三方面：

一是听专家讲座。2009年10月17日，分别聆听了广州市荔湾区教育发展研究中心副主任姚丹做的报告"文化引领，多元建设，跨越发展"、广州市荔湾区美华中学校长刘衍萍做的报告"有效管理促成绩，文化建设创品牌"、广州市荔湾区耀华小学校长马丽做的报告"熔炼耀华'玉石精神'，塑造学校特色文化"和广东教育杂志社副社长陈昭庆做的报告"学校特色的建设及影响力的提升"。

二是自学。从2009年10月至2011年4月，自学了朱永新的《我的教育理想》、魏书生的《教学工作漫谈》、周成平的《魅力校长的修炼》、黄瑾的《学前儿童音乐教育》、黄世勋编著的《幼儿园体育创新活动指导》等书籍。

三是考察。2009年11月29日至12月1日，到广州和佛山考察了广州市荔湾区耀华小学、广州市荔湾区美华中学和佛山市禅城区东鄱小学等学校；2010年4月21日至27日，到陕西和河南考察了西安中学、登封市直属第二初级中学和崇高路小学等学校。

三、研修收获

通过聆听专家讲座、自学和考察，启发很大，收获颇多，概括起来，主要有两方面：

（一）他山之石：办学特色鲜明

无论是听校长做报告，还是到实地考察学校，都能充分感受到几所学校的办学特色非常鲜明，在特色的引领下，学校得到大发展。

1. 广州市荔湾区耀华小学突出玉石文化特色

"玉"在中华传统文化中是一个美好、高尚的字眼。耀华小学地处西关腹地，周边玉文化资源丰富，取材于这块地给人们留下的人文遗迹，提炼出"精雕细琢"耀华玉石精神，并以此引领和谐教育品牌建设，创建质量高、特色鲜明的现代化品牌学校。该校以"以玉比德，自我雕琢"为校训，培育"精雕细琢，求真求美"的校园精神，追求"精雕细琢，诲人不倦"的教风和"锐意进取，学而不厌"的学风，倡导"修身如玉，慧眼识人，精心琢玉，大爱赏玉"的师道和"以玉立德，挖掘自我，经受磨砺，自我雕琢"的学风。围绕"以玉立德"开展各种德育活动："以玉立德，做谦恭有礼学生"系列活动、"锐意磨砺，雕琢自我"系列活动、小榕榕义工关爱活动等。以耀华"玉石文化"为依归，立足实际，推动校本研究，开展题为"精雕细琢"的教学沙龙活动、儿童诗歌创作大赛活动、英语诗歌诵读活动等。耀华人在"精雕细琢"校园精神的引领下，走出了一条创建和谐教育品牌的探索之路，滴滴汗水换来了累累硕果：仅2008年一年内，便获国家级奖项103项、省级奖项2项、市级奖项97项、区级奖项104项。同时，学校的教学质量稳步提高，成绩名列荔湾区前列。省、市多家电台传媒多次报道了该校的办学经验和办学特色，学校的知名度大大提升。

2. 广州市荔湾区美华中学突出传统文化特色

美华中学在1923年创办之初，以"礼义廉耻"四德为校训，以培育"爱国精神与健全人格"为训育目的，并以此"陶融青年忠孝仁爱信义和平之德，养成学生勇毅精神与规律之习惯"。2006年复名后的美华中学，以中华传统"仁、义、礼、智、信"为德育基准，引入"健、美"的现代素质，培养学生的健全人格。在精神文化建设方面，把"仁、义、礼、智、信、健、美"的释义融入校徽校训当中，彰显"美华"文化。在制度文化建设方面，使"仁、义、礼、智、信、健、美"内化为师生的道德标准和行为准则。在育人环境建设方面，用"仁、义、礼、智、信、健、美"来命名学校的七栋大楼。在特色文化室建设方面，着力建设"美华校史室"。在德育教育方面，从"仁"出发，开展仁爱教育，打好"亲情关爱"牌；从"义"出发，开展法制教育，打好"诚实正直"牌；从"礼"出发，开展和谐教育，打好"绿色生活"牌；从"智"出发，开展科技教育，打好"科技创新"牌；从"信"出发，开展诚信教育，打好"道德建设"牌；从"健"出发，开展健康教育，打好"健全人格"牌；从"美"出发，开展美的教育，打好"以美育人"牌。总之，美华中学处处彰显传统文化特色。

3. 佛山市禅城区东鄱小学突出科技教育特色

东鄱小学精心"经营""一、二、三、四"科技教育工程：一课（"四模"校本课程），二小（小发明、科学小论文），三创（模型创造、科幻画创作、科幻故事创编），四学（学科学课程、学科普文章、学科渗透、研究性学习），打造出"以'四模'校本课程为龙头，以小发明和科幻画为双翼"的科技教育特色。该校充分利用自身的环境、人才、物质、信息等资源，着力开发"四模"（建筑模型、航空模型、航海模型、车辆模型）校本课程研究：从小制作兴趣小组起步，到模型实验组，再走向校本课程，然后确定教学目标和教学内容，开展"四模"课程的校本管理、校本培训、实施探索和课程评价。经过多年开发与实施"四模"校本课程的实践，提高了学生的创新意识，培养了学生的综合能力，提高了教师素质，促进了教师专业化发展，所取得的成绩更是数不胜数：400多名学生参加全国、省、市、区举行的各种科技创新大赛、航海模型竞赛、建筑模型竞赛获得一、二、三等奖，学校多次获得"优秀组织奖"；多名教师被评为市、区的科技教育优秀辅导员和优秀教师；学校获得全国科技创新大赛金牌。在科技的领跑下，各育并进：教师的课例和学校的花样操、舞蹈等获得省、市各种比赛一、二、三等奖；学生参加全国、省、市、区举行的数学、英语等学科竞赛获得一、二、三等奖。

（二）自我反思：构建体育与音乐整合教育的办园特色

在参加研修班的整个过程中，我一直都在思考我园的办园特色问题，也曾就这个问题对家长进行过问卷调查。经过思考和调查，结果都显示出我园的办园特色不够明显。那么，该怎样创建自身的特色呢？我经过苦苦思索，并与幼儿园教科研组成员讨论研究，得出这样的结论：构建体育与音乐整合教育的办园特色。下面就构建体育与音乐整合教育的办园特色问题谈谈自己的想法：

1. 构建体育与音乐整合教育的原因

《幼儿园工作规程》里规定，幼儿园的任务是"实行保育与教育相结合的原则，对幼儿实施体、智、德、美诸方面全面发展的教育，促进其身心和谐发展"。由此可见，体育是放在幼儿教育的首位的。事实上，幼儿的身体健康的确比其他一切都来得重要。教育部颁布的《幼儿园教育指导纲要》把培养幼儿对艺术（包括音乐）的兴趣，让他们喜欢参加艺术活动并用自己喜欢的艺术方式进行表现作为主要目标。我们在教育的过程中也发现，幼儿天生就喜欢体育和音乐，他们在参加体育活动和音乐活动的过程中，都是非常快乐的，我们把体育和音乐的整合教育作为我园的办园特色，也正符合现在的幼儿教育价值追求——快乐和发展。

2. 构建体育与音乐整合教育的作用

体育教育能促进幼儿身体正常发育和机能的协调发展；可以培养幼儿参加体育活动的兴趣和习惯，增强体质，提高对环境的适应能力；能提高幼儿动作的协调性和灵活性；能培养幼儿坚强、勇敢、不怕困难的意志品质和主动、乐观、合作的态度。音乐教育可以使幼儿体验到快乐，萌发兴趣；可以发展幼儿的情感、美感，为今后的健康生活及终身的艺术学习培植动力，奠定基础；可以发展幼儿的感知觉，促进认知能力的发展；对于培养幼儿的合作精神、人际交往能力具有积极的作用；可以发展幼儿的基本音乐能力。

3. 构建体育与音乐整合教育的条件

我园现在正在开展两个关于体育与音乐的省级与国家级课题研究:《游戏、娱乐、运动》《奥尔夫音乐》。在开展这两个课题研究的两三年来,我园花了很多工夫对教师开展了相关内容的培训,对体育与音乐的创新教育进行了深入的研究和探索,经过实践,取得了一定的成绩,积累了一定的经验,具备良好的师资条件。另外,我园园舍宽敞,面积有15700多平方米,户外活动场所也有10000多平方米,开展体育活动和音乐活动有着得天独厚的场地条件。我园有一整套奥尔夫音乐乐器,每班都有钢琴和VCD机,有体育器械和收集、自制的体育材料,户外也有大型体育器械,具备一定的设施条件。

4. 构建体育与音乐整合教育的思路

我园现在刚建好新教学楼,拆除了原来的旧教学楼,正在重新规划道路、操场和绿化等。在规划和建造的过程中,将重点注入体育和音乐元素,在环境上体现我园的办园特色。不断增加体育与音乐设施,创建体育与音乐活动室,使全园实行资源共享,在设备设施上提供足够的保证。加大师资培训力度,提高教师教科研整合中的实践研究能力。加强对原来《游戏、娱乐、运动》《奥尔夫音乐》两个课题的研究,在研究的过程中,把它们糅和在一起,使体育教育中渗透音乐,音乐教育中渗透体育,创建出体育与音乐整合教育的特色。使幼儿通过接受体育与音乐的整合教育,能更加健康快乐地成长。

2011 年 4 月 15 日

在学习中发展

2013年的10月份,是我整个职业生涯中非常有意义的一个月,因为我有幸参加了教育部第十期全国幼儿园园长高级研修班的学习。

记得过完国庆节假期的第一天,我们就开启了研修班的学习。这个班的学员虽然只有50人,但却是来自全国各地的,每个省份都有2人,她们都是当地先进幼儿园的出色园长。我能够成为其中的一员,不能不说非常荣幸!

能静下心来纯粹地学习一个月,在我参加工作后还是第一次,而且是在全国师范学校的最高学府,有着全国学前教育最好的师资引领,有着全国优秀幼儿园园长的先进办园经验的交流分享,不能不说这是一次非常难得的机会。

在这一个月的时间里,我学到了很多东西,受到了很多启发,让我满载而归!

在这一个月的时间里,我坚持做到每天写心得体会。

以下是我摘录的部分"每日心得"。

美好的开端
——教育部第十期全国幼儿园园长高级研修班每日心得之二
2013年10月10日

今天是正式培训的第一天,既有讲座,又有参观,我很喜欢这样的培训方式,真切体会到培训部给我们安排了一个美好的开端。

上午谢志东博士给我们讲授的《依法管理幼儿园事物》很有针对性,很切合幼儿园的实际,对如何依法治园讲得很全面。幼儿园什么时候会发生什么事情谁都难以预料,但是一旦发生了意外事故,该怎么处理、怎么承担责任、怎么维护权益,却是我们该明确的,而要做到这一点,就必须知法懂法。然而法律有那么多,我们又不是学法的,哪能懂那么多呢?幸好今天听了谢博士的课,她使我一下子明白了该依照什么法律如何去管理幼儿园的事务,这对我以后如何更好地依法治园起了很大的帮助作用。

下午去参观国家图书馆是一项很好的活动。参观国家图书馆我还是头一回,当我走进那建筑独特的图书馆,一下子就被那琳琅满目的藏书所吸引。那里的图书确实太多了,不仅种类齐全,藏书也非常丰富,很多书都想看,但哪能看得了那么多呢!当我看到《卡尔·威特的教育》一书后,我就驻足了,因为我很想详细地了解一下卡尔·威特是通过什么方法培养出那么出色的孩子的。一个下午我都在看这本书,我从中学到了很多培养孩子全面发展的好方法。

小卡尔·威特出生的时候是个低智儿,而他的父亲卡尔·威特通过执着而正确的教育方法,使他成了闻名全德意志的"奇才"。他八九岁的时候,已能自由运用德、法、意、拉丁语等多种语言,通晓动物学、植物学、物理学、化学等多门学科,9岁考入莱比锡大学,没到14岁获得哲学博士学位,16岁被任命柏林大学法学教授。

能培养出如此神奇的儿子,卡尔·威特这位父亲真是太伟大了!100多年来,世界各地曾经看过此书并按照书中的方法去教育孩子的父母,曾成就了很多"哈佛奇才",中国的刘亦婷的母亲就是其中的一位。所以说，这本书真的很值得天下的所有父母和作为教育工作者的我们去研读。

大容量

——教育部第十期全国幼儿园园长高级研修班每日心得之四

2013 年 10 月 14 日

今天的课程特点是：容量很大。上午刘占兰老师的课使我学会了很多具体的做法，下午陈锁明博士的课启发我进行了很多宏观上的思考。

刘占兰老师从四个方面给我们讲授了《促进幼儿教师专业成长的理论与实践策略》：一是当前幼儿园教育质量的突出问题，主要是小学化倾向和功利性倾向。对于小学化倾向这个问题我深有体会，因为我到过很多县区幼儿园和乡镇幼儿园做评估工作，我发现这些幼儿园基本上都有很严重的小学化倾向，我觉得要改变这种现象，还真的不容易。二是国家政策体系对幼儿园教育质量和教师的专业要求。刘老师给我们重温了很多有关幼教的政策、文件，她使我觉得自己还要再深入地好好学一学这些政策和文件，以更好地贯彻执行。三是《专业标准》的特点及其对幼儿园教师的新要求。对于《专业标准》，我看过，但没有认真研读过，听了刘老师的深入解读，我觉得受益匪浅。新时期提出的对幼儿园教师的要求真的是不同于以往了，我回去以后要组织我们的老师好好学习，同时创造条件使她们尽快地达到专业标准。四是促进教师专业发展的实践策略。刘老师给我们举了很多例子，从这一点可看出刘老师是一位在实实在在地研究幼儿教育的值得我们敬佩的学者，这些例子给了我很多启发，同时也使我看到了我们还有很多做得不足的地方。

陈锁明博士讲授的《今天，我们怎样做教育之一：培养什么样的人》既有广度，又有深度。陈博士从十个方面阐述了教育要培养什么样的人：德商、志商、情商、胆商、健商、心商、逆商、智商、财商、灵商。其角度新颖独特，与众不同，把培养什么样的人说得很具体、很全面，且有前瞻性，培养出来的人完全能适应未来的社会发展。陈博士还放了很多视频给我们看，生动直观，启人深思。对于陈博士讲的这些内容我接下来要慢慢消化，然后学以致用。

健康教育
——教育部第十期全国幼儿园园长高级研修班每日心得之五
2013 年 10 月 15 日

今天下午，北京师范大学学前教育研究所的刘馨副教授给我们解读了《3—6 岁儿童学习与发展指南》的健康领域。上学期我们组织教师详细学习《3—6 岁儿童学习与发展指南》，每天利用半小时的时间分批组织学习，刚好学完了健康领域部分，所以对这部分的内容还算有点熟悉。今天听了刘教授的详细解读，我对这个领域的内容就了解得更加深入和透彻了。

对于刘教授举例说的孩子的睡床问题我深有体会，因为我们幼儿园就曾经有过这方面的经历。几年前我们幼儿园由于要拆旧建新，课室不够，所以几乎所有的班级都只有一间教室，只能一室两用，上午和下午当课室用，中午把床铺好当寝室用，那时孩子们的出勤率真的低很多。后来新教学楼建好了，新教学楼每班都有独立的课室和寝室，搬进去以后，孩子们的出勤率一下子就高了。现在回想起来就总结出：一室两用时由于孩子们的寝具在起床后都堆放在一起，卫生不够，导致孩子们容易生病缺勤。所以孩子们在幼儿园就是要有独立的寝室和固定的睡床才利于健康。刘教授说得很对，孩子们的健康是最重要的，如果以牺牲他们的健康为代价来拓宽活动的空间真的没意义。

我们利用幼儿园场地宽阔的优势，几年来都在开展有关体育方面的课题研究，也把体育办成了我园的特色教育。不过对照《3—6岁儿童学习与发展指南》和听了刘教授的讲座以后，我觉得我们还有很多地方做得还不够，比如在体育设施设备方面就还要添置很多才能满足孩子们各方面的锻炼需要，当然在健康教育方面我们还要不断地探索、实践、创新。但愿通过我们的努力，我们幼儿园的所有孩子在身体、心理和适应方面都能达到良好状态。

复原力与专业化成长

——教育部第十期全国幼儿园园长高级研修班每日心得之七

2013 年 10 月 17 日

今天上午，北京师范大学教育学部傅纳博士给我们讲授了《教师复原力的促进与提升》。

傅博士从复原力的缘起和定义给我们讲述了什么是复原力。我觉得从心理学的角度来提复原力是一种很新颖的说法，我还是第一次接触，不过却有一种豁然开朗的感觉，好像一下子明白了很多有关人在遇到挫折时心理上的变化是怎么回事了。

傅博士又从积极资源、危险因子、提升复原力的方法、六步骤模型、提升和促进复原力的特点和方式等方面给我们分析了教师复原力的促进与提升。这启发了我思考以后在工作中该怎么根据傅教授所讲的这些内容去帮助教师尽量减少危险因子、挖掘积极资源、提升复原力，使他们经常保持积极的心态去面对工作。

　　傅博士最后给我们做的两个心理测试我觉得很有意思。第一个心理测试是"我的价值观探索"。从自己的重视程度去选择价值观，一开始，我们选择非常重视和比较重视的都很多，最少的有11项，最多的有43项，我则选了31项。选43项的那位园长说"我太焦虑了"。是呀，人看重的东西如果太多的话，真的很累！后来傅博士叫我们把自己选择的重视的价值观减到10项，大家减了后觉得一下子轻松了很多。傅博士接着又叫我们减5项，再减到3项，最后减到了1项。在这个过程中我掉眼泪了，我发现自己后来所选择的都是与家庭有关的，最后剩下的1项就是"家庭"，原来自己是这么重视家庭的。是呀！我觉得我的家人平安和健康比什么都重要。我们班唯一的一位男园长选的也跟我一样，大家还给了他很热烈的掌声。当然，不同的人价值观也不一样，有的人选择了"诚实与正直"，有的人选择了"信仰"，有的人选择了"稳定的居所"，有的人选择了"身体"，等等。这个心理测试教会了我们一定要学会取舍，是呀！舍得舍得，有舍才有得！

　　第二个心理测试是"人际圈"。在抒情悠扬的音乐伴随下，傅博士引导我们分别在一级人际资源、二级人际资源、三级人际资源的圆圈中填写名字，我发现自己一级人际资源和二级人际资源很少，才有几个，三级人际资源却多得数不胜数。一直以来，我都觉得自己在人际交往方面是个弱项，好像很怯于跟人打交道，尤其是跟上级领导打交道，总觉得自己有心理障碍似的。看来以后要多找点心理方面的书籍看看，学会消除自己的心理障碍，增强人际交往能力。从做这个心理测试来看，我还是有一定的人际资源和人际交往基础的。

　　下午北京师范大学教育学部的褚宏启教授给我们讲授了《走

向园长专业化》。正如申老师所说的那样，褚教授是一位讲话很有水平的教授，在慢条斯理中讲出的每一句话都很有分量。他的PPT内容不算多，但内涵却很丰富。

褚教授从四个方面给我们讲授了如何走向园长专业化：

一是明确职业定位。褚教授说，作为园长，我们应该把正确的事做正确；应"跳出来""扎下去"；应做内涵发展型园长。褚教授所说的这些句句都说到了我的心坎上，我一下子就对自己以后该怎么做园长感到很清晰了。褚教授还给我们分析了教学领导力的内容，包括：正确和明确的教学目标、合理的教学内容、恰当的教学方法、优质的教师发展、健全的家/园/社区联系、充分的教学条件支持、科学的教学评价与反馈。褚教授说，园长如想把控幼儿园的全局，就要抓住目标与评价。他使我再次明确了评价的重要性，以后我要着重抓好评价这一重要环节，从而提高教师的工作自主性、幼儿的整体素质和幼儿园的管理效益。

二是提升核心素质。褚教授说，我们要做智者、仁者和勇者，做智者就是要做有智慧的人，做仁者就是要有爱心和社会责任感，做勇者就是要勇于创新、勇于否定自己、勇于承担社会责任。褚教授着重给我们讲了如何做智者：不要做事务型领导，要做变革型领导，要做大方向的事，思考全局性、战略性、前瞻性的问题。以前我也知道做园长最主要的就是要把握住方向，做重要的事情，但是具体到该做哪些重要的事情却有点模糊了。褚教授讲的以下内容刚好给了我很好的答案：结构性、制度性、价值性。结构性包括关系结构、班子结构、师资结构、生源结构。制度性说到了制度的重要性和制度建设的目的。制度建设的目的主要是让孩子乐学、会学、学好，让教师乐教、会教、教好，让管理者乐管、会管、管好。价值性问题则涉及教育观、发展观、人才观、学生观、教师观、质量观。听他这么一讲，我觉得自己要做的重要事情可多了，回去要好好地梳理梳理，理清一条思路，做个规划和计划，然后好好地践行。

三是追求专业发展。褚教授说，专业不同于职业，专业是职业发展的高级阶段，是需要专门知识和技能的职业，非专门系统训练不能胜任。作为园长，我们没有经过专门系统的训练，可以说只是处于半专业性阶段。褚教授还说了园长的专业性标准：经过长期的专业训练；有完善的知识体系作为园长从业的依据；建立起系统的伦理规范以约束园长的管理行为；有明确的园长从业标准和要求；进入园长行业有严格的资格原则；拥有较高的社会声誉和经济地位；具有专业上的自主性；建立起自己的专业组织并且发展成熟。对照这些标准，我感到自己离专业性的园长还相差很远，以后还需付出巨大的努力。

四是改变学习方式。褚教授说，知识的评价标准应该是实践取向的，包括效用标准（有用）、数量标准（够用）、质量标准（好用）；园长需要的是"实践性知识"而不是"学术性知识"；新知识对园长培训和园长学习方式提出了严峻挑战，旧知识观强调的是向书本学、向专家学，新知识观强调专业知识的获得是基于对自身职业实践的反思、挖掘以及同行的交流，倡导在实践中发现问题、反思问题、解决问题，核心是"以问题为本的学习"。可以说，褚教授所说的这些学习方式是新型的、实用的、高效的，很值得我们去践行。

褚教授在最后的小结里说，我们的教育应该让孩子一生更幸福、让社会更进步、让国家更具有国际竞争力，高度概括了教育的最高境界。

听了褚教授的这一节课，我犹如吃了一顿饕餮大餐，收获甚丰！

富力桃园幼儿园

——教育部第十期全国幼儿园园长高级研修班每日心得之八

2013 年 10 月 18 日

今天上午,我们去参观了北京市海淀区富力桃园幼儿园。

富力桃园幼儿园的园长赵福葵是我们班的党支部书记和我们第三组的组长。平时看她是一位谦虚有礼的园长,去看了她们的幼儿园以后,才发现原来她是一位非常用心和有爱心的了不起的园长。

参观活动分为五个环节。

第一个环节是教学活动观摩。活动内容是大班绘本阅读《一根羽毛也不能动》。在活动中,通过教师的充分引导,幼儿能仔细观察画面内容,大胆猜测故事情节,积极表达自己的独特想法。教师与幼儿的互动较多,幼儿的思维活跃,语言表达能力较强。

第二个环节是参观环境。在参观的过程中,我们发现他们班级的活动材料非常丰富,区域里的每个柜子每个方格都摆得满满的,而且什么材料都有,幼儿在这样的区域里活动和操作,肯定能学到很多东西和提高各种能力。他们的环境布置充满艺术气息,教室和走廊里的手工和绘画作品体现了老师和孩子都富有艺术细胞。楼梯上挂世界名画这种做法我非常欣赏,因为这样既美化了环境,又能使孩子们长期受到世界级作品的艺术浸染。

第三个环节是户外活动观摩。他们的户外活动材料和器械丰富,活动形式多样,在欢快的音乐伴随下,孩子们有的跳绳,有的骑车,有的跳竹竿舞,有的跳木马,有的跨栏,有的玩钻爬游戏,有的跳飞机,有的练平衡,等等,气氛非常活跃,引来了小区里的很多人观看,有些园长还情不自禁地参加到活动中去。孩子们通过这样的活动，身体得到了充分的锻炼。后来我们还观摩了中、大班的器械操，中班做的是旗操，大班做的是腰鼓操，操节的编排不错，孩子们的动作也很好。

第四个环节是园所介绍。听了他们的介绍，才知道原来他们的幼儿园才成立了三年多的时间，看他们的幼儿园还以为他们已有悠久的历史呢！真没想到才短短的三年多时间就办得这么出色了，而且还在办园不到两年的时间就被评上了一级一类幼儿园，他们的园长和老师们真是太了不起了！令人敬佩！

第五个环节是欢乐时光。这个环节给了大家太多的惊喜和感动了！赵园长居然给我们研修班中十月份出生的园长们办了个生日会，在大屏幕上播放她们在北师大学习期间的照片，让厨房的师傅为她们做了精美的生日蛋糕，真是太有心了！几乎在场的每一位园长都被感动得落泪，过生日的那六位园长更是激动得泪水涟涟，几乎连话都说不出来。大家都感受到了赵园长带给我们的温暖和浓浓的情意，在如此短暂的相处中，我们就收获了这么深的同学情，这是多么的难得呀！赵园长身上值得我们学习的东西真是太多了！

我要把在赵园长身上和他们幼儿园里学到的东西用到以后的工作，以及和同学们、老师们的相处中。

为孩子的终身可持续发展奠基
——教育部第十期全国幼儿园园长高级研修班每日心得之九
2013年10月21日

今天上午，北京师范大学学前教育研究所的潘月娟副教授给我们讲授了《在游戏中科学评价幼儿发展》。她从游戏偏好、玩物游戏、角色游戏、建构游戏等几方面分析了如何评价幼儿的游戏。听了这节课以后，我才知道对幼儿的游戏进行评价是如此重要，以前我们太忽视这方面的工作了，以后得重视并开展好游戏评价这项工作才行。

今天下午，北京师范大学教育研究所的钱志亮博士给我们讲授《面向儿童全面发展的幼儿教育》。

钱博士在开始上课之前给我们放了一段拼凑在一起的搞笑视频，让人一下子就觉得这位博士太与众不同了，接下来的讲课确实印证了这一点。钱博士博学多才，研究的领域宽广，讲课幽默风趣，课堂气氛轻松愉快，听他的课简直就是一种高级享受。

钱博士首先讲的是"什么是全面发展"，他分别从哲学层面、心理学层面、教育学层面、社会学层面给我们讲了全面发展。其次讲了为什么要及早全面发展，接着讲了怎样及早地促进全面发展，最后讲了早期全面发展教育的内容。

总的来说，钱博士给我们讲的是：0—6岁是孩子各方面发展的最关键的时期，我们一定要好好抓住这个时期，及早地对孩子进行感觉运动教育、认知教育和社会教育，使孩子聪、明、灵、通，也即身体素质、心理素质、社会素质全面发展，为孩子的终身可持续发展奠基。

钱博士还给我们讲了很多有关生理、保健、营养、生育等方面的科学知识，增长了我们的见识。他还带我们玩了很多手指游戏，非常有趣和实用！

钱博士讲的个体智力发展曲线图，详细分析了12岁以前各个年龄段的智力发展所占的比例：0—3岁每年占19%，4—6岁每年占8%，7—12岁每年占3%。这使我更深地体会到了及早开发幼儿智力的重要性。

所以说，对孩子的教育真是耽误不起呀！在黄金时期如果不好好对孩子进行教育，可就是"过了这个村就没这个店了"！

联谊晚会
——教育部第十期全国幼儿园园长高级研修班每日心得之十
2013年10月22日

今天晚上，我们全国园长高级研修班和全国校长高级研修班在北师大搞了一场非常欢乐的联谊晚会。

来自重庆的范范园长担任晚会的主持人。范范园长是一位非常出色的主持人，策划和组织能力强，善于制造和调动现场气氛，把整场晚会组织得既有秩序又充满欢乐，使大家在欢声笑语中度过了一个非常难忘的夜晚。

校长班的学员为大家表演了四个唱歌节目，他们男高音、女高音都有，个个都唱得很好。

我们园长班的学员就更厉害了！在短短的半天时间里，大家就排出了不少内容丰富、形式多样的节目，真正体现了园长们的多才多艺。

舞蹈《民族大团结》拉开了晚会的帷幕，他们组的学员来自全国各地，他们也分别表演了各个民族的舞蹈，跳得非常精彩，可以看出大家的功底都不错。接下来的节目有歌伴舞、书法、诗朗诵、三句半、二重唱、时装表演等。第一组的歌伴舞表演得不错，歌唱得好，伴舞还有道具，虽然排练的时间很短，但跳得也还算整齐。现场表演书法的陈凤珊园长功底深厚，只用了一首歌的时间就写出了一幅令人看了心动的"阳光路上"，真佩服！三句半表演得很精彩，他们太有急才了，撰稿的园长只用了一个中午的时间就把我们这段时间以来的学习情况写成了篇幅很长的三句半，他们也只用了半天的时间来排练，就表演得很娴熟了，真了不得！而二重唱的两位园长，居然在这么短的时间就排出了一个有两个声部的唱歌节目，而且还唱出了苏联歌曲的味道，真不错！时装表演这个节目则非常有创意，他们用了生活中的各种道具，如地拖、扫把、垃圾铲等，表演得很滑稽，很有动感，现场气氛非常热烈。

我们组表演了两个节目：一个是诗朗诵《再别康桥》，我们分别用自己的方言来朗诵这首诗，有扬州方言、广东方言、宁波方言、贵州方言、天津方言等，每用一种方言朗诵完都引来一阵笑声和掌声，很搞笑！另一个节目是歌伴舞《明月千里寄相思》，这还是我们这场晚会的最后一个节目，由我用粤语唱，其他园长伴舞。只可惜我一上场脑子里好像就一片空白了，总是忘词，没唱好。不过听说我们这个节目的效果还不错。

除了节目表演，范范园长还为我们大家准备了很多有趣的游戏，穿插在节目中间分组邀请大家玩，每个游戏大家都玩得不亦乐乎。

最后，大家在范范园长的带领下，一起表演了手语《让爱传出去》。但愿我们这群优秀的校长和园长把对教育的热忱和爱带到全国各地去！

总的来说，我们这场晚会办得非常成功！感谢北师大培训部的领导为我们提供了这么好的机会！感谢校长班和园长班的班干部为我们策划了这么好的晚会！感谢同学们为我们表演了这么精彩的节目！

图画书与儿童阅读

——教育部第十期全国幼儿园园长高级研修班每日心得之十一

2013年10月23日

今天下午,北京师范大学教育学部的杜霞博士给我们讲授了《图画书与儿童阅读》,使我对图画书有了更深的认识。

杜博士从什么是图画书、图画书的魅力、图画书在儿童阅读中的作用、图画书的阅读与分享四个方面跟我们分享了她对图画书与儿童阅读的独特看法。

在说到什么是图画书时,杜博士的第一个观点是"图画书是人生的第一本书",由此我不禁想起了自己小时候所看的小人书。我那时真的很喜欢那些小人书,每本书都是看了又看,每有一本新的小人书时都爱不释手。我当时真的觉得那些小人书很珍贵,它们就是我小时候的精神食粮,给我留下了美好而又难忘的童年回忆。记得当时我藏了满满一箱子的小人书,后来却不知道怎么就消失得无影无踪,怎么也找不着了,这是我每每想起都觉得很遗憾的事情。不过我的这些童年经历也正印证了杜博士的这一观点,图画书对于孩子来说,确实很重要,它是开启孩子去认识这个对他们来说还很陌生的世界的最好之门。

杜博士说到图画书的魅力时,说图画书的年龄是从9个月到99岁,我不禁为之一震,图画书不是光给孩子们看的吗?后来看了杜博士给我们带来的《活了100万次的猫》《爱心树》《我等待》等图书PPT以后,我对图画书有了新的认识,原来图画书真的适合每个年龄段的人看,优秀的图画书里面所蕴含的哲理可以启发每个年龄段的人去思考、去体会。在看《活了100万次的猫》时我想到了爱的真谛，在看《爱心树》时我被感动得落泪。原来，图画书对于成人来说也是如此有魅力的，对于小孩来说，就更有魅力了。

在图画书的阅读与分享这一方面，杜博士的一些观点使我受益匪浅，如大声为孩子读书、多种阅读方式和策略的引入、多元化阅读活动的开展等，这给我以后引导孩子阅读指明了方向。

我想，我以后首先要去践行杜博士的观点，然后再把它推广到我们的老师和家长中去，让大家一起来引导孩子们从阅读图画书开始，成为爱阅读、爱生活的人。

办园经验特色交流

——教育部第十期全国幼儿园园长高级研修班每日心得之十二

2013年10月24日

今天上午开展全班办园经验特色交流活动。

很幸运的，我也在全班同学面前介绍了我园的情况。我们幼儿园在我们茂名地区算是办得较好的幼儿园，但是在我们这群来自全国各地最出色的幼儿园最优秀的园长面前，我们根本就不算什么了。能有幸在来自全国各地的园长面前介绍我们的办园情况，真的很难得！虽然我们没有什么特别之处，但起码能让大家对我们幼儿园有个初步了解。

因为不知道自己能否有机会发言，所以一直没做什么准备，只是在昨天下午定了要我介绍办园情况以后，我才在晚上匆匆准备了一下。我手头上有的只是照片，因此也只能借助图片来介绍了，介绍的时候我甚至连办园理念都忘了说，介绍得确实不好。

不过在来自全国各地的园长面前,我能拿得出来讲的东西也确实不多。通过这次介绍办园情况,我觉得自己回去以后要大力抓内涵发展才行。

除了我以外,另外七位园长也分别介绍了她们的办园情况。她们分别是山东省滨州实验幼儿园的宋立宏园长、山西省北车永济电机幼儿园的王红霞园长、宁夏回族自治区贺兰县幼儿园的张秀莲园长、江苏省扬州市汶河幼儿园的郑望园长、安徽省合肥市康同幼儿园的李莹园长、江西省南昌龙泉实验幼儿园的陈莹园长、福建省厦门市科技幼儿园的陈芝园长。她们的办园情况各有特色,有很多值得我学习的地方,我要把她们的资料拷回去慢慢学习。

为了孩子的健康成长

——教育部第十期全国幼儿园园长高级研修班每日心得之十三

2013年10月25日

今天上午,北京师范大学教育学部的邓林园博士给我们讲授了《家园共促幼儿健康成长》。

邓博士给我们看了很多视频,讲了很多案例,让我们在轻松的状态下受到了很多启发,真正领会了她所说的如何养育健康快乐的孩子:和谐的夫妻、合理的期望、必备的知识、适当的方法,缺一不可。我觉得学到的这些知识和受到的启发对我以后养育自己的孩子和帮助家长养育孩子都很有帮助。

我对其中的案例《地球上的星星》感受特别深。这是一部很值得老师和家长观看的片子。面对一个有特别缺陷而家长已经对其失望透顶的孩子,那位老师居然能透析他的缺陷原因,然后用了很多特别的方法耐心地引导孩子去一步步改变。功夫不负有心人，孩子在这位老师的精心引导下，确实在不断地进步，后来取得了可喜的成绩。而那位爸爸，在看到了孩子的不断成长后，则从开始的强硬态度转为内疚、羞愧，最后感动得泪流满面了。这部片子里的老师非常伟大，值得我们老师好好学习。而这部片子里的爸爸的表现值得我们深思该怎么做一名家长。

下午北京师范大学学前教育研究所的霍力岩教授给我们讲授了《从西方课程借鉴走向我国课程建构——兼谈高宽课程模式与"办好学前教育"》。

霍教授着重给我们讲了高宽课程。对于高宽课程我还是第一次接触，原来它是世界公认的优秀的学前教育课程模式。它的基本性质是：以公立幼儿园儿童为对象，以帮助儿童学会主动学习为基本价值取向，以系列关键经验为主要学习内容，以计划、行动和反思的活动教学为基本组织形式，旨在让孩子们对周围的自然与社会具有高度热情和广泛兴趣。它的基本理念是主动学习，它的教学实践是顺序性的10环节和结构性的3部曲，其中10环节包括问候、计划、工作、整理、回顾、进餐、大组、小组、户外、离园，3部曲指的是计划、工作、回顾。我觉得不管是从它的基本性质还是基本理念，都显示出这种课程模式很优秀，而它的教学实践就更是与众不同。另外，它还强调教师培训，这是它的完整性的表现所在。由此可见，高宽课程模式确实很值得我们学习。

不过，总的来说，我国的学前教育存在着一种跟风现象，今天说这个好了，大家争相跟着学；明天又说另一个好，大家又跟着效仿……反正，大家就是缺乏思考，缺乏创造。其实，就从课程模式来说，任何一种模式都有它的先进之处，但是我们不一定要完全照搬。我们应该博采众长，然后结合自己的实际，去构建适合孩子发展的课程模式。

课程的重要性

——教育部第十期全国幼儿园园长高级研修班每日心得之十四

2013年10月26日

今天上午，北京师范大学学前教育研究所的冯婉桢博士给我们讲授了《从混沌中发现和解决问题——幼儿园课程管理中的焦虑》。课程在幼儿园中的作用真的很大，冯教授还写了这样一道算式：课程+教师=幼儿园办园质量。严格来说，这道算式不完全对等，但选择了怎么样的课程和有什么素质的教师，还真的就决定了幼儿园有怎样的办园质量。冯教授说，要严格筛选课程，注重课程审议和课程反馈。这让我一下子明白了课程管理的核心所在。我要把在这一节课里所学到的知识运用到以后的课程管理中，通过抓好课程管理促进办园质量的提高。

今天下午，陕西学前师范学院校长培训学院的梁朝阳教授给我们讲授了《教师职业道德发展管理与职业幸福》。梁教授给我们讲了很多有关教师的职业道德和职业幸福的观点，其中让我最深刻的是他说的他的几句名言：世界上的好人很多，但对你好的人不多；世界上的人很多，但懂你的人不多；世界上的机会很多，但属于你的机会不多。这几句话太有哲理性了！我非常欣赏！其实生活真的就是这样，所以我们一定要好好珍惜对自己好的人和懂自己的人，好好抓住属于自己的机会。

学习专业标准，提高办园质量

——教育部第十期全国幼儿园园长高级研修班每日心得之十六

2013年10月30日

今天上午，北京师范大学学前教育研究所的洪秀敏教授给我们讲授了《幼儿园教师专业标准（试行）》（以下简称《专业标准》）解读。

洪教授从《专业标准》的研制背景、基本理念、基本结构与要求等方面做了详细解读。《专业标准》我曾经读过，也组织老师学过，但只是泛读粗学。今天听了洪教授的解读后，我对《专业标准》的认识深刻了很多。长期以来，幼儿园教师都被看作是"半专业"或"非专业"的职业，由于种种原因，事实也确实如此，我们的教师中很多都不够专业。《专业标准》的制定与颁布，可以说，是给我们的幼儿园教师的专业化指明了方向。虽然说，我们很多幼儿园教师现在离专业标准还相差很远，但起码有了具体的努力方向。如果我们的幼儿园教师都能认真研读《专业标准》，深刻领会《专业标准》，并在工作中贯彻执行的话，那我们培养出来的孩子肯定能得到最好的发展。

下午北京师范大学学前教育研究所的刘焱教授给我们教授了《幼儿园教育质量评价与现状》。

在这之前，我好像还从来没有认真思考过以什么来衡量幼儿园的教育质量这个问题，通过聆听刘教授的讲授，我对幼儿园教育质量评价有了一定的认识。刘教授说，幼儿园教育质量的落脚点和归宿是幼儿在园生活、学习和发展的质量。是呀！其实我们在幼儿园所做的一切都是为了孩子更好地发展。然而，我国幼儿园的教育质量现状令人担忧！在45个国家学前教育发展情况排名榜中排在第42位。当然，这是多方面的原因造成的，也不是一下子就能够改善的。作为幼教人，我们只能尽自己的最大努力去做好本职范围内的工作，尽量去创造各种条件提高本园的教育质量。现在我觉得自己回去以后首要的任务就是丰富各班活动室的玩具、教具和操作材料，为幼儿能够有充足的材料自主活动提供较好的物质环境。其实我们就是应该做一些让孩子能够较好地发展的实实在在的事情，而不是做那些给别人看的面子工程。

教育的艺术

——教育部第十期全国幼儿园园长高级研修班每日心得之十七

2013年10月31日

今天上午，教育部艺术教育委员会周荫昌教授给我们讲授《艺术教育与人的素质》。

周教授是一位年近八十岁的老者，都一大把年纪了还来给我们授课，真难得！不过他看上去一点都不像年纪这么大的人，讲起课来手舞足蹈、神采奕奕的，非常生动，还常常令人发笑。

周教授说到了我们现在的教育的五个重视、五个忽视，说得很到位：一是重视理性内容，忽视感性内容和感情；二是重视知识的教育，忽视行为的教育、操作的教育、技术技巧的教育；三是重视学科知识教育，忽视综合实践的教育；四是重视浅层、显性的教育，忽视深层、隐性的教育；五是重视外在的、表达性的教育，忽视内在的、心灵涵养的品性的陶冶。这不仅道出了现在的教育存在的问题，还指明了我们的教育应该怎样去培养人的素质。

周教授还以德国为例说了什么是素质教育。德国的小学不教知识，德国虽然只有八千万人口，但获得诺贝尔奖的人数却占了全世界的一半。这足以证明他们的教育就是真正的素质教育。我们作为基础教育的基础部分的幼教工作者，要好好地领会周教授所说的五个重视、五个忽视，把五个忽视变成重视吧！

周教授说到艺术教育这个话题时，举的英国教小提琴方法的例子，我非常欣赏。他说英国教孩子拉小提琴，一开始不是一个音一个音地去教孩子拉，而是先让孩子听大量的曲子，让孩子得到音乐的充分熏陶后，再让孩子大胆去试着拉，然后才教孩子怎么拉。可以想象，这样培养出来的孩子肯定有较高的音乐素养和悟性，而且对音乐有较浓的兴趣。

其实我们不管是做哪方面的教育，都应该培养孩子们具有终身可持续发展的素质。

参观乡镇中心幼儿园

——教育部第十期全国幼儿园园长高级研修班每日心得之十八

2013年11月1日

今天上午，我们去参观昌平县的一所镇中心幼儿园。

我们在去的路上沿途风光非常美丽，看到了很多如香山般红艳的红叶，还看到了很多结满果子的柿子树和苹果树，就像是去郊游一样，挺开心的！一个多小时的车程以后，才到幼儿园。

这所幼儿园坐落在偏僻的山区。园所不大，但硬件建设可不差，光是户外的设备设施就投资了120万元；孩子不多，才40多名，但教职工可不少，有20多名；幼儿园成立的时间不长，才一年多，不过可看出园长带领着教师们做了不少工作。1∶2的师生比，大量的户外设施，这里的孩子可真够幸福的！

从这所幼儿园的状况可看出我们的政府现在确实是很重视幼儿园了，近年来对乡镇中心幼儿园的建设尤甚。譬如我们广东茂名，几年前几乎连一所乡镇中心幼儿园都没有，但近两年来在政府的高度重视下，居然一下子就建起了130多所，成效非常显著。

但愿党的阳光能够永远照耀我们的幼教事业，让我们的幼教事业能够持续不断地蓬勃发展！

收获累累

——教育部第十期全国幼儿园园长高级研修班每日心得之二十

2013年11月5日

今天是参加教育部第十期全国幼儿园园长高级研修班学习的最后一天，此时此刻，我的心情非常复杂！记得刚来北师大时，我觉得一个月的时间很长，可没想到，一个月的时间原来是这么的短暂，刚跟老师和同学们建立了深厚的感情，却又要离开了。此刻我的心里充满了对北师大的不舍，对老师们的不舍，对同学们的不舍。回想起在北师大的这一个月，在培训中心的精心安排和组织下，经过认真学习，我收获了很多。

一是通过听专家讲课，学到了很多理论知识。在一个月的时间里，来自教育部、北师大、中国教育科学研究院、陕西学前师范学院等部门的二十多名专家、教授给我们授课。通过聆听这些在全国的学前教育领域具有最高水平的专家授课，我大开眼界，学到了有关幼教方方面面的最新理论知识，如：该依照什么法律去管理幼儿园的事务，如何更好地依法治园；教育要培养什么样的人；怎么帮助教师尽量减少危险因子、挖掘积极资源、提升复原力，使他们经常保持积极的心态面对工作；如何走向园长专业化；如何从游戏偏好、玩物游戏、角色游戏、建构游戏等几方面去评价幼儿的游戏；如何及早地对孩子进行感觉运动教育、认知教育和社会教育，使其身体素质、心理素质、社会素质全面发展，为孩子的终身可持续发展奠基；如何通过和谐的夫妻、合理的期望、必备的知识、适当的方法去养育健康快乐的孩子；如何构建适合孩子发展的课程模式，并通过抓好课程管理促进办园质量的提高……

二是通过参观学习，学到了很多先进经验。在学习期间，我们共参观了五所幼儿园，这五所幼儿园都是北京市办得比较出色的幼儿园，通过参观学习，我学到了他们很多先进经验，如：在北京市丰台区第一幼儿园——丰益园学到了怎么塑造办园特色；在北京市海淀区富力桃园幼儿园学到了怎么丰富区角材料；在北京市第一幼儿园学到了怎么抓内涵发展……

三是通过交流研讨，学到了很多办园经验。我们这个研修班的同学来自全国各地，大家都是当地办得最出色的幼儿园里的最优秀的园长。在学习期间，通过几次全班办园经验特色交流和分组研讨活动，我学到了来自全国各地的最优秀的幼儿园的办园经验。

四是通过共学共处，建立了深厚的同学情谊。我们五十多个来自全国各地的园长们，在这一个月的时间里，一起学习、一起研讨、一起交流、一起联谊、一起生活、一起外出，在朝夕相处中，我们建立了亲密而又深厚的同学情谊。

在北师大学习的这一个月，将在我的人生中留下美好而又难忘的回忆。别了，北师大！别了，尊敬的周主任和申老师！别了，亲爱的来自全国各地的同学们！但愿在不久的将来，我们再重聚！

东湖论幼教

——记第九届全国名园长俱乐部东湖微论坛活动

在 2019 年那个姹紫嫣红的初夏，有一群富有幼教情怀的来自全国各地的园长齐聚美丽的武汉东湖湖畔，在那里参加由华中师范大学和湖北亿童教育装备研究院联合举办的第九届全国名园长俱乐部东湖微论坛活动。此次论坛活动的主题是"幼儿园文化与家园共育"，围绕着这个主题，与会的各位专家、领导和 50 多位优秀园长在这里论幼教。

论坛的第一位主讲专家是华东师范大学的周念丽教授，她给我们做了题为"促进幼儿'3Q'发展，夯实他们人生发展基础"的讲座。听了她的讲座，我第一次知道了"3Q"指的是 DQ（发展商数）、EQ（情感智商）、AQ（社会适应）。DQ（发展商数）包括适应行为、运动行为、语言行为和个人—社会行为。3—6 岁这段时间是运动能力发展的关键期，如果这期间因为种种原因参加体育运动非常少，即使他们成年后付出较多的努力，他们的运动能力仍然会表现较弱。因此，在幼儿园里对幼儿进行强壮体魄的培养至关重要。EQ（情感智商）包括五大项内容：了解自身情绪、管理情绪、自我激励、识别他人情绪、处理人际关系。幼儿的情绪感受与表达是：快乐来自游戏、幸福来自被爱、害羞来自人际、自信来自称赞、退缩来自被压。AQ（社会适应）也称挫折商或逆境商，在学前期培养好幼儿的 AQ，可以帮助幼儿形成良好的生命风格。促进幼儿 3Q 发展的具体策略有：语言色彩法则：多使用积极的语言，赞美、希望和安慰永远是幼儿的最爱；平等对话法则：将心交给幼儿的谈话，会换来幼儿的真诚爱戴；有效谈话原则：实话实说，停顿有序，避用易产生歧义的词；纵向比较法则：只将幼儿的昨天与今天比，不和邻居家幼儿比；"三明治"批评法则：两头好话中间夹批评，最容易被幼儿所接受。激发幼儿 3Q 的方法概括有：与幼儿分享家长和教师的情感和心情；花一定的时间倾听幼儿的心声；和幼儿访问一些有趣的地方；帮助幼儿建立行为规范；收集对幼儿成长有利的相关信息；让幼儿定期去图书馆或书店；让幼儿有一个有规律的作息生活；限制幼儿看电视的时间；指导幼儿使用电脑和玩游戏机；给幼儿提供良好的示范；给幼儿提供与同伴一起活动的机会；为幼儿所做的每件值得赞许的事情鼓掌；鼓励幼儿阅读；让幼儿担负起责任；展示对幼儿的爱；让幼儿参与简单的决策；等等。

亿童教育装备研究院郭婧副院长则以"激活家庭，构建家园共育新生态"为题，从研究者的视角带来了家园共育项目最新研究内容分享。她指出，要做好家园共育工作，需要认识到家和园是协作共生、共同成长的关系，家长急需专业的指导，家长需跟孩子建立真正意义上的联结，才能对彼此的生命成长形成有意义的关照。基于这样一种认识，亿童教育装备研究院家园共育项目组在课题引领和专家的指导下，历时近 5 年做了三轮研究，不断优化对园所和家庭的支持策略，形成了最新研究成果——亿童情商智商课程。课程倡导"父母即教师，亲子共成长"，开创性地将幼儿和父母作为学习整体，构建家庭智慧学习中心，实现高品质的家庭教育。与此同时，为幼儿园家园共育工作提供策略、方法和工具的指导，通过打造家长、幼儿、教师学习共同体，构建一个互通有无、共生共长的家园共育新生态。这一研究成果引发了在场园长们的关注，大家纷纷表示在推进家园共育工作中，如果更多一些专业研究支持，家园共育将会更有成效。

在名园长经验分享环节，我被安排在第一位发言，这让我既感到荣幸又感到不安。荣幸的是能在这么高规格的论坛上发言，让我迈开了面向来自全国各地的专家和园长分享经验的第一步。不安的是把我摆在这么前的位置，还是在全国鼎鼎有名的周念丽教授之后。不过我还是服从了大会的安排。我分享的主题是"实施'五个一'工程，打造家园共同体"。因为分享的时间只有 30 分钟，所以我准备的课件是讲 15 分钟，放 PPT 15 分钟。在讲的过程中，我基本按照自己的准备做了阐述。PPT 的准备因为内容丰富，有大量开展各类活动的生动的图片，所以还是很全面地在大家的面前做了呈现。在我讲完后的对话与生成环节，专家给予了高度的评价，其中程主任的评价是"园长专业，教师敬业，工作扎实"。

随后，江西省宜丰县幼儿园叶妍园长以"家园同心 携手并进·助力幼儿健康成长"为题，从家园合作的意义、基础及策略出发，分享了她对于幼儿园文化与家园共育的思考和见解。她借用大量园所活动案例，重点介绍了宜丰县幼儿园"1+2+3"（一广二多三实效）模式——家园合作方面广；家园沟通渠道多，家长志愿活动多；家园机制讲实效，亲子互动重实效，社区拓展显实效。叶园长呼吁，幼儿园应建立有效沟通、良性联动的家园共育机制，构建幼儿园、家庭、社会三方融合的教育体系，使家庭成为幼儿园教育的得力助手和有力后盾，同心协力，创造和谐的育人环境，促进幼儿身心健康的良好发展。

在题为"家园携手·'和美'共育"的分享中，拥有25年幼教经历的赖天利园长向与会者分享了大渡口幼儿园的家园共育之"道"——"和美"团队文化。她详细介绍了幼儿园"人文、高效、创新"的管理团队，"自主、快乐、友爱"的幼儿团队，"研究、合作、共进"的教师团队以及"和善、智慧、榜样"的家长团队。赖园长借用大量生动的活动案例阐述了大渡口幼儿园"精细服务、培训引领、情感沟通、协同合作"的共建方略：通过新生家长见面会、家访、每日在线约谈、教育故事分享会等精细服务，让家长感受园所的专业与用心；通过家长大讲堂、父母训练营、育儿荟热线等培训服务，让家长认同园所的专业与敬业；通过正确的沟通方式与技巧，让家长信服我们的专业与真诚；通过家长资源结构分类、有效整合及携手家长介入课程等方式，让家长跟随园所共同走向专业等。

会上，来自湖南省军区幼儿园的朱向阳园长向与会嘉宾分享了湖南省军区幼儿园建立"成长型家园关系"的方法策略——"共研、共育、共成长"。她指出，成长型家园共育关系应具备有作为的家园委员会、信息对称的沟通机制、开放透明的运营模式、以儿童为本的教育观念以及相互滋养的教学管理团队等特征；建立成长型家园关系的途径则包括家园委员会、家长会、家长开放日、家长义工、家长接待日等。随后，她通过形象生动的案例和图片分享，向在场嘉宾深入浅出地讲解了正确实施家园共育的三个做法，即共研（建立成长支持体系）、共育（开展亲子活动）、从新生入园开始树立良好的家园关系（三次见面礼、三次主题茶话会）。朱园长表示，共研、共育能让家长走近幼儿，了解幼儿的发展目标；能让家长走近教师，体会幼师的辛苦；也能让家长走近园所，了解园所的文化理念，真正促进幼儿的全面发展。

来自广西南宁市第四幼儿园的陆雪梅园长在《阳光爱满园——南宁市第四幼儿园阳光教育文化建设概况》的专题讲座中，向与会园长分享了幼儿园文化建设之道。她详细介绍了幼儿园文化建设的基本过程，即现状分析，查阅文献资料；确立办园理念；建立 MI（理念）、BI（行为）、VI（形象）识别系统；围绕办园理念打造室内外环境；推行阳光管理，打造阳光团队；依托课题建构园本课程。随后，她从理念体系、目标体系、思维导图、计划体系、文化体系、幼儿园课程统整等多个层面出发，结合自身丰富的经验，向与会园长详细介绍了幼儿园育人体系建构和园本种植课程。她表示，市四幼通过打造积极乐观、充满爱心、团结协作的阳光教职工团队，培养健康、快乐、感恩、自信的幼儿，打造具有阳光教育特色的广西壮族自治区示范性绿色幼儿园。

在内蒙古乌海市海勃湾区第一幼儿园李宏清园长的精彩分享中，她一针见血地指出了当前幼儿家庭教育面临的问题，例如："家长很重视教育，孩子却依然问题重重""孩子在幼儿园表现很好，在家中却截然不同""5+2=0"等。对此，李园长表示：幼儿教育不等于幼儿园教育，园所常规不等于习惯养成，家庭教育也不等于家园共育。"家园共育应该是幼儿在园获得的学习经验可以在家庭中得到延续、巩固、发展，幼儿在家庭中获得的经验可以在幼儿园的学习中得到应用。"李园长在现场分享了她所在的海勃湾区第一幼儿园的案例和经验，通过大量生动的视频为与会者展示了实现"家园真共育"的方法。她指出，幼儿园应在做好自身的同时，积极去影响家长的观念，创设各种丰富的活动吸引家长参与其中，从而实现目标一致、思想统一，实现家园同

学习体会

心、齐头并进。

专家、名园长对幼儿园文化和家园共育的指导，来自全国各地的名师、一线名园长的实践经验，使得本次东湖微论坛既有理论层面的高屋建瓴，又有实践层面的脚踏实地。感谢湖北亿童教育装备研究院为我们搭建了这次交流对话平台，为共创家园共育新局面、全方位保障幼儿健康成长做出了贡献！

崭新的开始

中国科学院心理学研究所继续教育学院"广州2019级儿童发展与教育心理学"专业课程研修2班开班了。

上午举行开学典礼，中国科学院心理研究所博士生导师王詠给我们做了重要讲话。从他的讲话中，我了解了中国科学院心理研究所的发展历程。要说心理学这个学科在中国的发展，就得从心理学的起源说起。可以说，心理学有一个漫长的过去，但只有一个短暂的历史。1879年，德国的冯特在德国莱比锡大学成立了第一个心理学实验室，标志着心理学这个学科的正式诞生。没想到中国的心理学第一人居然是蔡元培。他于1908—1911年在德国莱比锡大学哲学系心理学研究所工作；1928年6月成立了中央研究院并任院长，聘请唐钺筹建中国心理学研究所。1929年，唐钺担任第一任中央研究院心理研究所所长。几十年来，心理研究所几经周折，起起落落的，至今成为中国大陆发表人文社科国际论文最多的机构，真的不简单！而心理学这个年轻的学科也越来越受到了社会各界和国家领导人的重视。就在人们把复杂的学科归为七个学科群（数学、物理、化学、地球科学、医学、心理学、社会科学）的分类中，心理学居然也占有一席之地，可见心理学在当今社会受到了多大的重视。

心理学的应用非常广泛，王教授分别举了研究修女和销售员的例子，从而说明乐观对人的寿命和工作效率的积极影响。如果对孩子从小就进行乐观的训练（积极归因），将会对他们未来一生的良好发展起到很大的帮助作用。这让我不由得想起了我那个《积极心理学背景下的幼儿养成教育研究》课题，我觉得自己还是做得不够深入。王教授说，学习心理学关键要学以致用，知道如何把学到的知识运用到自己的工作岗位。那么，在接下来的日子，我又该定一个怎样的研究方向，使我在这两年学到的理论很好地运用到幼儿园的工作当中呢？能不能把心理学与传承中华优秀传统文化结合起来研究呢？这是我要不断思考的。在说到该怎么学这门课程时，王教授引用了朱熹的"熟读精思"和华罗庚的"厚积薄发"，而他的观点则是培养研究型思维。最后，他借语勉励："昨夜西风凋碧树，独上高楼，望尽天涯路""衣带渐宽终不悔，为伊消得人憔悴""蓦然回首，那人却在，灯火阑珊处"。

开学典礼的第二个环节是破冰活动。我们以抽扑克牌的方式定组，我被抽到了第六组，我们组共有 8 个人，其他的 7 个都是来自广州的。班中仅有的两位男生有一位抽到了我们组，被我们推选为组长。我们组的同学都很活跃，在搞团建的时候很快就定好了组名、组徽和口号。在各组成员逐一自我介绍时，我们了解到，原来我们这个班的 50 多人有来自广西的、江门的、佛山的、东莞的，没想到茂名的除了我之外，居然还有另外一位。而从职业上来说，大家则是来自各行各业的，当老师的只有几个，很多人都是怀着想培养好自己的孩子而来的。

下午，来自中国科学院心理研究所的发展与教育心理学博士荆承红带我们开启第一门课程——《普通心理学》的学习。荆教授非常擅长讲故事，虽然我们上午的开学典礼到 12∶30 才结束，下午 1∶30 就开始上课了，中午没休息过，但是，下午听她的课居然一点都不觉得困,不觉得累,其实主要就是被她的故事所吸引。她首先给我们分享了很多关于她的两个孩子和丈夫的故事,从这些生动有趣的故事带出她的观点:养育孩子要回归到生命的原点;先接纳后发展;从科学的角度认识生命;在孩子的成长过程中,父亲的缺失会使男孩没有生命样本,长大后缺乏担当,女孩的安全感得不到保护,有人甚至终其一生都会去寻找那份缺失的安全感。

接着,她用了宝贵的一个多小时让我们七位学员分别讲了自己学习心理学的原因。于是,我们又听了七个完全不同的故事。每听完一个故事,荆教授都会给予回应,既说观点又给指引。她教导我们,学心理学的人一定要懂得尊重别人,在听了别人的隐私故事后一定要注意保密,而且要终身保密。听了一个对父母有怨气的学员的故事后,她说:我们要学会忽略负面因素,寻找积极因素,用积极的眼光去看待他们的行为;要懂得与父母的相遇是人性上的相遇,而不是角色上的相遇;要学会自己滋养自己,然后去滋养周围的人。在听了一个有复杂的家庭矛盾的故事后,她说:做养育者的最大责任是陪伴,而非教导;情绪的产生都是有需要不被满足;要做需要做的事情;要从人性层面理解人。听了一个与母亲抗争了很多年的学员的故事后,她说:极度否认一个人,越容易成为这个人;在一个家庭当中,如果男人引领、女人跟随的话,这个家庭将会很和谐、很幸福。听完这些故事后,她道出了之所以利用宝贵的时间给大家分享,关键是想让大家明白:一个人一辈子都没办法去过别人的人生,我们要允许别人以自己的方式生活在这个世界上,要学会体会和领略别人的人生风采。荆教授真是功底深厚,所言几乎句句都是人生真理,真是令我钦佩至极!

之后，她还分享了四个故事：从中专生到优秀心理咨询师；从函授研究生到师大副教授；从房地产老板到心理咨询公司老总；从家庭主妇到咨询师再到咨询公司老板。这四个故事给我们带来这样一个启发：不管你的初始学历是什么，不管你的职业是什么，只要你愿意去改变，并付出足够的努力，你都可以有一个精彩的未来。

最后，她举了关于大学生的跳楼事例：从年度来算，有一年北大有36位大学生跳楼，后来据统计，他们的父母的职业排位居然是：排在第一位的是老师，第二位是公务员，第三位是医生。从事这些职业的父母都太理性化了，对孩子都有过高的要求，而且有功利性。这不得不引起我们的深思！她认为运动很重要，运动对情绪的管理非常高效，每天保证一个小时的运动对孩子非常关键。荆教授说，如果做作业和运动两样不能同时保证时间的情况下，她会选择运动。另外，她也觉得培养孩子的阅读习惯很重要，在孩子还不能独立阅读的时候，家长跟孩子一起阅读。

从荆教授一个下午的课程学习中，我学到了很多关于对己、对人、对孩子的很多很好的见解与方法，收获满满。

可以说，踏入了学习心理学这个门，就是开启了我一段新的人生之旅！我不知道这段旅程我将会走到哪里，但我相信，它会给我带来别样的人生！但愿这段旅程越走越精彩！

2019年8月17日

学习动机

今天学习《教育心理学》，主要学习了攻击性违纪行为的矫正、学习动机、知识的学习与迁移等内容。

对于有攻击性行为的孩子，要矫正起来不是一件容易的事。我们在教育当中时不时都会遇上这样的孩子，所以一旦学会这种知识，再结合实际运用到实践当中，未尝不是一件很难得的好事。从教育心理学的角度来分析，可以通过行为规则训练、认知训练、人本主义、综合的规范约束法——设限法等方法来矫正攻击性行为。行为规则训练有代币法、冷冻法和冲动抑制训练。代币法可以依据儿童自身的喜好与行为特点选择强化物，制定详细的代币兑换清单。尽可能使用积极的表述方式，鼓励儿童表现出良好行为，而不是惩罚儿童的不良行为。冷冻法就是当快要忍不住的时候，给一个信号，去一个专门的地方冷静。多次这样做以后，当情绪再爆发时，情绪控制能力会明显提高。冲动抑制训练可以通过玩一些捉蜻蜓、冲动是魔鬼等游戏来训练。从认知心理学的角度来看，很多孩子之所以有攻击性行为，是因为他们有敌意性归因和对消极线索过分敏感。对于这种情况，就要通过改变他们的想法来改变他们的反应。策略主要有采访或指导他/她进行表情识别训练等。从人本主义的角度来看，我们要相信学生能成长，做一个负责任的人。那么，我们可以通过情绪管理训练、正向表述规则要求、鼓励儿童做负责任的决定等方法来减少孩子的攻击性行为。运用设限法就要设定限制的步骤、时机、注意事项。学习，最终目的是要学以致用，我决定用学到的这些方法去干预我们幼儿园的那些有攻击性行为的孩子，帮助他们减少攻击性行为，从而健康地成长。

动机是指激发、引导、维持并使行为指向特定目的的一种力量。而学习动机是指引发与维持学生的学习行为，并使之指向一定学业目标的一种动力倾向。动机既可分为内部动机和外部动机，又可分为认知内驱力、自我提高内驱力和附属内驱力。

从行为主义的角度来看，如果学生的行为得到了强化，他就会有学习的动机；如果他的行为没有得到强化，他就没有学习动机；如果他的学习受到了惩罚，他就会产生避免学习的动机。那么，什么是强化物呢？强化物指的是分数、表扬、活动和特权。赫洛克曾经做过一个实验，他在实验中将106名四年级和五年级的学生分为四个等级，在四种条件（受表扬、受训斥、受忽视、受控制）下做加法练习。结果表明：对学习结果进行评价，能强化学习动机，对学习起促进作用；适当的表扬效果优于批评；而批评的效果比不做任何评价好。由此我反思我自己平时在工作中的表现，觉得自己常常没有及时给予反馈，以后要在这方面加强才行。

从认知主义来看，关于动机的理论有几个方面：一是成就动机理论。莫瑞提出成就动机的概念，他认为成就动机指的是人们在完成任务中力求获得成功的内部动因，对自己认为重要的，有价值的事情乐意去做，并努力达到成功的性格特质。麦克米兰认为成就动机会使人追求成功和避免失败。从成就动机理论来看，中等难度（即在个体看来成功概率约为50%）的任务对学生最具挑战性。二是归因理论。归因理论是一种比较系统的认知动机理论。维纳认为归因有三个维度：控制点、稳定性和可控性。关于归因，塞里格曼通过小狗实验提出了"习得性无助"的概念，也就是将失败归结为普遍的因素、个体的因素、不可更改的因素。学生一旦形成习得性无助，将会影响他的个性成长和学业进步。所以，我们一定要注意培养学生的积极归因思维。三是自我效能感理论。自我效能感是指人对自己是否能够成功地进行某一成就行为的主观判断。自我效能会影响学习者的自我调节。自我效能感高的学生会选择较难的任务，设定挑战性的目标；积极应对消极反馈，在经历失败时能坚持；采用更有效的策略。影响自我效能感的因素有直接经验、替代性经验、言语说服和情绪唤起，我们要通过这些因素培养学生的高自我效能感。四是目标定向理论。此理论的代表人是德维克，他认为对能力的观念有两种，分别是能力实体观和增长观。能力实体观的目标导向是表现目标，持这种观念的人是自我卷入的学习者。能力增长观的目标导向是掌握目标，持这种观念的人是任务卷入的学习者。

影响学习动机的因素包括个体因素和环境因素，而个体因素又包括情感因素（需要、情绪状态）和认知因素（信念、目标定向），环境因素则包括教师、任务和家庭同伴。需要是激发人进行各种活动的内部动力。关于需要，心理学家德西做了一个实验，让大学生在实验室里解决有趣的智力难题。如果把德西效应运用到教育孩子上，那么，对于孩子真正感兴趣的行为不用刻意强化。高效能感的教师可以提高学生的学习动机；接纳学生，信任学生；给学生自主空间。教师对学生学习的反馈与评定会直接影响学生学习的积极性，教师的反馈要及时、具体和经常。学生的学习动机与家庭对其要求及态度有很大关系，成绩优良的学生父母的要求比成绩差的学生父母的要求具体明确，成绩优良学生的父母比成绩差的父母更重视独立工作能力的培养，成绩差的学生的父母格外关心学生学会保护自己的权利。

  总的来说，培养学生的学习动机可以通过激发内部动机和外部动机来实现。激发内部动机的策略有：激发兴趣，保持好奇心；设置合适的目标；培养恰当的自我效能感；归因训练。激发外部动机的策略有：表达明确的、及时的、经常性的反馈；合理运用外部奖赏；有效运用表扬。

2019 年 11 月 30 日

适合孩子的教育才是最好的教育

今天，来广州上主题为"儿童发展心理学"的课，主讲的老师是首都师范学院的李文道教授。他主要给我们讲了两大方面的内容：一是了解孩子才能教育好孩子；二是父母亟须的四大理念及四大对策。听了一天的课，我受到的最大启发就是：适合的教育就是最好的教育。

要想知道怎么样才是适合孩子的，首先就要了解孩子。李教授从三个判断题引入课程：两周岁婴儿的身高可以达到成年时身高的一半；幼儿时期是记忆力最好的时期；胎儿时期妈妈听古典音乐，孩子长大后更聪明。很多时候，我们总以为自己很了解孩子了，可是，当老师问完我们这三道简简单单的问题后，全班几十人居然没有一个是全答对的，原来我们并不像自己认为的那么了解孩子。细想一下，婴儿时期的身高确实可以达到成年时的身高的一半。在李教授为我们解读这三道题以后，我才确切地知道，从婴儿到青少年，记忆力是持续提升的；所谓的听古典音乐会使你孩子更聪明是来源于"莫扎特效应"。原来"莫扎特效应"的来源是这样的：加利福尼亚大学欧文分校的弗朗西斯·劳舍尔等人 1993 年 10 月 14 日在英国《自然》杂志发表了《音乐和空间任务能力》。他们曾做了一个这样的实验：把大学生分成两组，一组大学生先听 10 分钟的莫扎特《D 大调双钢琴奏鸣曲》，另外一组没有听音乐。然后对这两组大学生进行空间推理测试。结果是，与不听音乐的相比，实验组的大学生空间推理测试得分高了8或9分。其实，这个实验只是证明了听莫扎特的音乐可以提高大学生的空间推理能力而已。接着，李教授给出了一组苹果图，让我们猜哪个是苹果的LOGO，结果，能猜中的没有几个人，我也没猜中。由此，老师引出了黑格尔的观点：熟知非真知。这句话我还是第一次听，但是这句话说得太有道理了！它引起了我的深思，平时有太多的熟知我们都以为是真知了，事实并非如此啊！

然后，李教授给我们说了三个案例：二胎现象；姥爷祝寿；粗暴父亲。有多少老大是无法接受二胎的降生的呀，如果从心理层面来分析，主要是源于老大有着这样的心理：垄断地位，皇帝心理；如果从社会层面来分析，主要是家庭教育的过度溺爱导致孩子的自我中心思想。姥爷祝寿这个例子反映了孩子的心理能力还不够强，基本归纳能力跟成人的还有距离，而在社会能力方面还缺乏沟通经验。粗暴父亲这个例子证明父亲还不懂得幼儿的性生理发展和性心理发展。其实，生活当中有多少父母对孩子的了解是知其然而不知其所以然的呀！鞋不合脚，是脚的问题，还是鞋的问题？我们当然都知道是鞋的问题。但是，在教育孩子这件事上，又有多少人能够懂得同样的道理呢？其实，每个孩子都是独特的，每一位父母也是独特的。成功家教＝父母系统＋孩子系统，亲子匹配得越好，家教成功的概率就越高；父母越了解孩子，匹配成功的概率就越高。

我们要知道：孩子心理与成人心理不一样；不同阶段的孩子心理不一样；同一年龄的孩子身心不一样；今天的孩子与昨天的孩子不一样；今天的父母与昨天的父母不一样；今天的社会与昨

天的社会也不一样。鉴于此，作为父母的我们，一定要懂得换位、移情（己所不欲，勿施于人；己所甚欲，慎施于人）；要注意因性施教（要考虑到男孩和女孩的差异）；要注意培养孩子的创新性思维；要注意与时俱进，反思自己的教育理念，调整自己的教养方式。

只有适合孩子的教育才是最好的教育。

2019 年 12 月 14 日

遵循规律

今天，老师给我们讲了儿童发展的三大规律与三大争论。

儿童发展的三个总体规律是顺序性、不平衡性和差异性，作为父母或教育工作者，就该根据孩子每个阶段发展的特点，根据孩子的个别差异、代际差异、智力差异和学习风格差异来对孩子进行相应的教育。另外，老师说到的一个观点是我以前没听说过的，那就是：对0—3岁的孩子要多用精致语言，也就是多用形容词、副词等，多用词汇量大的语言，以增加对孩子语言的刺激，积累他们的词汇量，让他们理解更多的词汇。

儿童发展的三大基本争论是连续性与阶段性、主动与被动、天性与教养。其实，儿童的发展既是连续的，又是分阶段的。在发展的过程中，被动与日俱减，主动与日俱增，被动与主动此消彼长。教育的过程就是使孩子从被动到主动到自动，教育的目的是"不教育"。关于遗传和环境的争论，有遗传决定论、环境决定论、成熟论和相互决定论。虽然每个理论都有心理学家研究出的很有说服力的结论，但最后还是达成了在心理学的共识：50%遗传影响，50%环境影响。

最后，老师给我们理了一遍心理学的四大流派。自从参加这个班的学习以来，已经上了《普通心理学》《人格心理学》《教育心理学》和这两天学习的《发展心理学》，其实每门课都说到这几个流派，但是我却一直都有点混乱。不过，经过今天下午老师的分析，我终于弄明白并记住了，这四个流派就是精神分析、行为主义、人本主义和认知主义。此外，我还进一步了解了弗洛伊德的冰山理论和人格发展阶段理论，进一步了解了本我、自我和超我，进一步了解了潜意识，进一步了解了埃里克森的心理社会发展阶段理论，还了解了家庭教育的两个关键是关爱和管教，作为父母既要给予孩子无条件的爱，又要给孩子有原则的爱。

老师今天说了一句话我觉得非常有哲理性：接受那些不能改变的，改变那些可以改变的。我觉得这句话不仅可以用在教育孩子上，还可以用到我们生活的方方面面，给了我很多的启发，我觉得自己以后不管是在工作上、生活上还是教育孩子上都要去践行这句话。

2019 年 12 月 15 日

大社会是活教材

上了《儿童教育模式介绍》这门课，听了李春光教授介绍的几种儿童教育模式后，对陈鹤琴的"五指活动课程"印象特别深刻。李教授从陈鹤琴的生平说起，再说他的出国留学、追随杜威，到说他的新儿童观、"活教育"理论，最后详尽介绍他的"五指活动课程"。听完后，我不禁感慨，原来"五指活动课程"的内容是健康、社会、科学、艺术和语文，我们现在的五大领域教育原来就是出自陈鹤琴先生的"五指活动课程"，我们现在的主题教育也是源于他的单元主题活动。100年前的陈鹤琴的思想就那么先进了，他在100年前创立的活动课程中国居然至今没人能够超越，真不愧是中国学前教育第一人！

对陈鹤琴提出的"活教育"我特别认同。"活教育"的课程论是：大自然、大社会，都是活教材。作为一名幼教工作者，我平时就是践行这样的课程论的。幼儿年龄小，对社会缺乏了解，如果我们只是在幼儿园里给他们讲解社会知识，他们会觉得很抽象，无法真正理解。但是，如果带领他们走进社区，参观和认识各种场所，就可让他们对社会有直接和感性的认识，从而获取经验和知识，开拓社会视野。

近几年来，我们就是通过带幼儿走进社区去参观和学习，从而让他们认识社会的，如：

参观图书馆。让幼儿参观图书馆的环境，了解图书馆里不同种类的图书，了解图书馆工作人员的职责，了解图书馆各个部门的主要功能，了解图书馆借阅图书的方法及办理借书证的相关手续，体验在图书馆阅读的氛围，体验借书和还书的方法，分享读书的快乐。通过参观，激发幼儿阅读的兴趣，养成良好的阅读习惯。

参观博物馆。组织幼儿到博物馆逐一参观各个场馆，听解说员解说每个场馆展品的历史和由来，从而让幼儿了解茂名的历史，了解茂名的风土人情和民俗文化。通过参观，使他们初步萌发对家乡的热爱之情。

参观消防队。组织幼儿到消防中队，现场认识消防车及常见的消防工具，学习简单的逃生技能，观看消防员叔叔使用灭火器的方法并学习使用灭火器的步骤，听消防员叔叔的教导——不玩火，观看消防叔叔演示快速穿战斗服，观摩消防员叔叔日常训练，了解消防车、云梯车的功能，参观消防员叔叔的宿舍，最后小朋友们为消防员叔叔表演小节目，并向消防员叔叔送上小礼物。通过参观，使幼儿直观地认识消防车，了解常见的消防工具，了解消防员叔叔的训练和生活情况，提高幼儿防火的安全意识，并激发幼儿对消防员叔叔的敬佩、热爱之情。

参观银行。带领幼儿到银行参观，听银行工作人员介绍钱币、理财的基本知识；参观业务办理区、自助银行区、电子银行体验区等场所；参加在排号机上排号、到柜员机上存一笔钱和说出工作人员用点钞机点钱的张数等体验活动。通过有趣的体验环节，让孩子们在玩乐中接受金融启蒙教育，激发孩子们对金钱管理的兴趣，培养孩子们的"财商"。

参观派出所。组织幼儿参观派出所，听警察叔叔讲解如何拨打110，遇到危险如何自我保护；参观监控室，了解其作用，观察监控画面，感受民警叔叔时刻在保护着我们；参观审讯室，感受犯法的人员要受到惩罚；听警察叔叔介绍他们的常用工具；等等。通过参观，让幼儿了解派出所民警的基本工作内容和工作环境，初步懂得遵纪守法的重要性，了解一些简单的自我防卫知识，激发幼儿尊敬民警、感谢民警的情感。

参观水厂。组织幼儿走进自来水厂，听自来水厂的叔叔介绍厂区的各种设备设施，参观自来水的净化处理过程，让幼儿了解"自来水从哪里来"。通过参观，让幼儿知道自来水的来之不易，从而学会珍惜自来水，节约用水，增强他们的环保意识。

参观书店。组织幼儿参观书店，听书店的阿姨介绍图书的分类，让幼儿了解有关图书方面的知识，感受书店图书的丰富。最后，让幼儿自由看书并体验买书的选书、付款等过程。通过参观，增长了幼儿对图书方面的知识，激发了幼儿对阅读的兴趣。

参观超市。组织幼儿到超市参观，听超市里的服务员介绍超市商品的分类、摆放、价格和购买商品的注意事项等。最后，让幼儿带着任务去体验挑选商品和结账的购物过程。通过参观，让幼儿初步了解超市与人们生活的关系，学会文明购物和体验购物的乐趣。

2020 年 12 月 5 日

脑功能开发与素质训练

"脑功能开发与素质训练"是一门很实用的课程。我既是一名幼教工作者，也是一位妈妈，学习这门课程，对我以后无论是在工作中教育好幼儿园的小朋友还是在生活中教育好自己的孩子，都有很大的帮助。这门课程给我带来的收获主要有以下几个方面：

一、根据大脑的生长发育规律培养孩子

认识了大脑的构造后，我更深切地体会到要根据孩子大脑的生长发育规律，通过玩具、游戏、音乐、舞蹈、画画、运动等寓教于乐的方式进行适度的脑功能开发，以保持孩子的好奇心、探索欲，培养孩子的言语表达能力、社会交往能力、注意力、记忆力、想象力、创造力、躯体运动智力等。

认识了大脑的生长发育规律后，我更深切地体会到在孩子的成长过程中要给予其精心的情感培养。要给予孩子足够的爱，激发孩子阿片样物质和催产素的产生，培养孩子尽情享受生活的能力。激活孩子的"快乐果汁"，帮助孩子学会快乐，获取生活的长久的满足感，培养孩子的珍贵品质，如自主性强、有干劲、敢于梦想奋斗等。

二、孩子有三个大脑

"孩子其实有三个大脑"这句话说的是孩子的脑有三大区域：

一是爬行动物脑。这一部分脑位于人脑的最内层，也是最古老的一部分脑部区域。虽然历经漫长的进化，却未有大的改变。人脑的这部分区域与所有脊椎动物一样，激活并控制与基本生存需要相关的一些本能行为和功能。二是哺乳动物脑，也称情绪大脑、低位脑或大脑边缘系统。这部分区域与其他哺乳动物如黑猩猩的脑部，拥有一样的化学系统和结构。它能诱发强烈的情绪变化，这些情绪需要推理脑进行良好的管理。它还有助于控制原始的"战逃反应"，这一部分脑可以激活。三是推理脑。这是高位人类脑，也称"额叶"或"新皮质"。从进化论的角度看，这部分属于大脑最后进化的成果，占据整个脑部组织的85%。这部分脑环绕着古老的哺乳动物脑和爬行动物脑。父母对孩子情感需求的回应程度，能对孩子大脑的额叶产生奇特的积极影响。

　　明白了这些原理后，我进一步认识到在儿童脑功能开发和心理素质训练中，首先要满足孩子的爬行动物脑的需求，如饥饿、消化、呼吸、循环等基本的生存需要。尽量少去激发孩子哺乳动物脑的消极情绪，如愤怒、恐惧、焦虑等。孩子本身就有好奇心，别破坏孩子的探索欲，降低孩子的内在动机。推理脑会随着年龄的成长不断成熟，在这期间受到父母的影响非常大，所以，父母要对孩子的情感需求做出积极的回应，以对孩子产生积极的影响。

三、健康的心智源于成长过程中精心的情感培养

　　孩子早期的经历对将来的情绪或性格都会产生直接的影响。孩子与父母早年共同经历的点点滴滴，会在他幼小的高位脑中留下印记，在这些脑细胞间缔造出各种连接，人脑就是以这种方式被逐步构筑成形的。当各种连接集结起来发挥作用时，他就能适应他所处的特定环境。这种适应性会对孩子将来生活是否幸福产

生作用。当一个孩子未能得到充分的关心，他们应对低位脑的强烈情绪或原始冲动时，他的大脑就不能出现帮助他们有效应对压力的通路，这样的孩子将不具备关心他人或自省的能力。

如果能给予孩子足够的爱与关心，将会直接影响孩子与他人的相处。爱可以强有力地激活一连串积极的唤起神经的化学物质，主要是阿片样物质、催产素和催乳激素。温暖的人际关系与脑部阿片样物质的处理过程有关。人类拥有的一些优秀品质，如慷慨、友善等，都可能是基于阿片样物质的作用而产生的。

如果你是发自内心地疼爱孩子，那么也就赋予了孩子同样的能力去这样爱别人。如果你喜欢你的孩子，并且大方地表达出来，那么他也会这样去喜欢别人。如果你在玩乐的过程中，就表达出了你对他的温暖，他同样也会这样来处理与他人的关系。

总之，头脑中的阿片样物质和催产素被激活至最佳水平是心理健康的基石。也可以说："健康的心智源于成长过程中精心的情感培养。"

2021 年 5 月 29 日

赓续红色基因　传承井冈山精神

——2021年茂名市教育系统基层党建工作专题培训班学习体会

2021年7月18日，我怀着无比向往的心情踏上了去井冈山学习的行程，由于中途航班取消，几经曲折，终于在19日中午到达井冈山大学。经过在井冈山大学三天的理论学习和在井冈山两天的现场学习，我的心灵受到了涤荡，灵魂受到了洗礼，对井冈山精神有了深刻的体会，对中国共产党的认识有了质的飞跃，从而更加坚定了我对党的忠诚和为党做出自己最大贡献的信念。

一、通过理论学习，提高思想认识

在井冈山大学三天的时间里，我们听了几场专家讲座，这些讲座内容让我进一步加深了对中国共产党的认识。

井冈山大学党委书记胡春晓的专题教学"铭记党的百年历程，感恩奋进新的时代"，使我认识到既要深刻把握中国共产党百年历史宝贵经验，更要感恩奋进建功新时代；井冈山大学党委常委陈小林的专题教学"百年大党书写千秋伟业的伟大宣言"，使我深刻认识了习近平总书记"七一"讲话的深厚背景和重大意义、丰富内涵和重大创新、实践要求和贯彻落实；井冈山大学马于强教授的专题教学"抓好'三会一课'，提升支部组织力"，使我进一步认识了什么是"三会一课"、"三会一课"制度的重要意义、基层党组织落实"三会一课"方面的问题、中国共产党发展党员的工作流程、做好新时代机关党建工作的几点思考等内容；井冈山大学李裕福教授的专题教学"把握基本遵循，传承红色基因，做有成效的基层党务干部"，使我认识到新时代基层党建工作的重要性、新时代基层党建工作中需要重点关注的主要问题、井冈山精神的内涵及其对基层党的建设工作启示，以及如何做有成效的基层党务干部；井冈山大学李忠教授给我们做的专题教学"党的百年辉煌与井冈山斗争"，使我进一步了解了党的百年辉煌历史、井冈山斗争与井冈山精神。

经过几天的理论学习，我深刻地认识到党的光辉历程充满艰辛，党的伟大成就来之不易，我们党从成立之日起，就把"为中国人民谋幸福、为中华民族谋复兴"作为自己的初心和使命，团结带领人民创造了新民主主义革命的伟大成就，创造了社会主义革命和建设的伟大成就，创造了改革开放和社会主义现代化建设的伟大成就，创造了新时代中国特色社会主义的伟大成就，使中华民族迎来了从站起来、富起来到强起来的伟大飞跃，使中华民族伟大复兴进入了不可逆转的历史进程。这为我们坚定信心、凝聚力量、把握新时代主题、为实现第二个百年奋斗目标建功立业坚定了理想信念。作为一名党务工作者，我一定响应党中央号召，传承红色基因，牢记初心使命，坚定理想信念，践行党的宗旨，在新征程上发挥自己的智慧和力量。

二、通过现场学习，引发深刻体会

7月22日，我们开始走进井冈山革命根据地，追寻当年红军的足迹，了解当年红军的英雄事迹。

在井冈山的两天时间里，我们先后到了三湾改编纪念馆、龙江书院、茅坪八角楼、井冈山革命烈士陵园、井冈山革命博物馆、茨坪毛泽东旧居等地接受现场教学。到了实地参观，听了现场教导员声情并茂地讲述当年那一个个鲜活的故事，我的心灵受到了深深的震撼。这些现场教学点令我体会最深的是三湾改编纪念馆和井冈山革命烈士陵园。

三湾改编确定了中国共产党对军队的绝对领导，保证了我军的无产阶级性质，从政治上、组织上奠定了新型人民军队的基础，在人民军队的建军史上具有重要的意义。三湾改编让我深刻地体会到当组织出现涣散、思想出现混乱的时候，一定要进行整顿。在整顿的过程中，还要注意方式方法。作为组织的领头人，一定要有创新的思维和大胆的实践。

井冈山革命烈士陵园坐落在茨坪北面的北岩峰，于1987年落成，整体建筑由门庭、纪念堂、碑林、雕塑园、纪念碑五大部分组成。我是怀着沉重和崇敬的心情走进烈士陵园的！当我看到吊唁大厅的墙上刻满了当年壮烈牺牲的烈士英名和代表着许多牺牲而没有留下姓名的烈士的无名碑时，我被深深地感动了！为了取得革命的胜利，有多少先辈抛头颅、洒热血呀！当我在雕塑园聆听了讲解员讲述当年有孕在身的伍若兰被敌军俘虏后砍下头颅并悬挂在赣州城门的惨烈事迹后，我在毛骨悚然之余，不禁被她那种宁死不屈的精神深深地折服。在井冈山这英雄之山，有多少先烈是因为对共产党怀着坚定的信念而在敌人面前不屈服而遇难的呀！正是因为有当年那么多先辈的壮烈牺牲，才换来了我们今天的幸福生活。而今生活在和平年代的我们，怎么奉献自己都不为过！

三、赓续红色基因，传承井冈山精神

深入井冈山革命根据地，让我体会到井冈山斗争开启了中国革命新的道路，开启了马克思主义中国化的征程，奠定了党对军队绝对领导的基础,更加孕育了伟大的井冈山精神。正如习近平总书记所说:"井冈山时期留给我们最为宝贵的财富,就是跨越时空的井冈山精神。"作为生活在新时代的我们,一定要大力弘扬井冈山精神,让我们党的优良传统和作风代代相传。

传承井冈山精神,要坚定执着追理想。理想信念是共产党人的政治灵魂,要增强对马克思主义、共产主义的信仰,增强对中国特色社会主义的信念,增强对实现中华民族伟大复兴的信心,增强对以习近平同志为核心的党中央的信任。

传承井冈山精神,要实事求是闯新路。在工作中要注重调查研究,从实际出发,勇于探索,勇于创新。创新是引领发展的第一动力,抓创新就是抓发展,谋创新就是谋未来,我们要坚持解放思想和实事求是相统一、培元固本和守正创新相统一。

传承井冈山精神,要艰苦奋斗攻难关。不论我们国家发展到什么水平,不论人民生活水平改善到什么地步,艰苦奋斗、勤俭节约的思想永远不能丢。任何时候,我们在工作中、在生活中都要坚持艰苦奋斗。

传承井冈山精神,要依靠群众求胜利。江山就是人民,人民就是江山,人心向背关系党的生死存亡,我们党来自人民,党的根基和血脉在人民。为人民而生,因人民而兴,始终同人民在一起,为人民利益而奋斗,是我们党立党兴党强党的根本出发点和落脚点。

总之,我们要继续发扬光荣传统,赓续红色基因,永远把中国共产党人的精神继承下去,发扬光大。

2021 年 7 月 26 日

关于幼儿园发展的思考

——2021年广东省校本研修示范校校长专题培训班培训总结

2021年10月8日至14日，冒着秋雨，顶着"狮子山"和"圆规"双台风，我们在华南师范大学参加了2021年广东省校本研修示范校校长专题培训班学习。7天的培训，既有大学教授的理论传授，又有学校校长的经验分享，还参观了华南师范大学附属小学，使我既学到了先进理念，又学到了先进经验，同时也引发了我对我园办学方面的思考。

一、更新理念

这次培训，有幸聆听了几位大学教授的精彩讲座，使我收获了新知识、新理念。听了华南师范大学葛新斌的讲座"学校特色建设与规划编制探讨"，我对"学校特色"的真正内涵和学校规划编制有了进一步的认识，同时也明白了要想抓好学校特色建设，关键是抓好特色项目建设；听了北京师范大学苏君阳教授的讲座"校本教研——促进教师专业成长的有效方略"，我对校本教研的意义、类型、特征、内容、方式、组织等有了全面的理解；听了南京师范大学刘建教授的讲座"校长领导力提升的理论与实践"，我知道了校长领导力提升与校长专业发展的修炼的关键因素；听了北京师范大学鲍传友教授的讲座《追求卓越的学校领导》，我具体了解了构成卓越学校领导的关键要素；听了广州大学杜玉霞教授的"互联网+时代的校本研修活动开展方法与指导",我掌握了一些在互联网时代开展校本研修活动的新方法。

二、借鉴经验

这次培训,我们还聆听了广州市几所优质学校的校长分享他们的办学经验,他们的办学各有特色,办学思想各不相同,有很多做法值得借鉴。华景小学黄瑞萍校长分享的主题是"着力六年,着眼一生——让每个生命在和风细雨中优雅生长","学优则才,品正则雅",黄校长分别从培养儒雅教师团队、孕育和雅家长、培养文雅学生等方面来分享了他们的"优雅教育"的独特经验;华师附小的张锦庭校长以"让每一个孩子因教育而美好"为主题给我们做了分享,"美好教育,教育美好",张校长主要阐述了他们的"学园、花园、乐园"融为一体的校园环境和美好教育课程体系,他还着重从"十二个学会""六个走进"分享了他们的独具一格的德育课程;华阳小学的周洁校长分享的是"坚守生本教育之初心,践行湾区教育之使命",她从"生本"之初心、梦想、使命、成长、再出发五个方面分享了他们的"生本教育";五山小学的许凤英校长分享的是"成就'做人温暖 做事聪慧'的仁智少年";广州中学彭建平校长分享的是"激扬生命教育";龙口西小学的陈武校长分享的是"海量阅读,深度育人"。

三、思考发展

反思我们幼儿园的办学,这几年我们在"美善教育"方面做了很多实践与探索。我们主要通过创设美善的环境、建设美善的团队、开设美善的课程来培养美善的幼儿。在特色项目建设方面,我们创设了青花坊、首饰坊、木工坊、剪纸坊、拓印坊、石艺坊、编织坊、扎染坊、建筑坊、陶艺坊、刺绣坊等特色鲜明的传统文化体验坊16个。在此基础上,开展一系列传统工艺、传统民俗自主游戏活动，形成了"一班一体验坊，一班一特色"，让孩子们每天通过操作、体验、学习，在传统文化的浸染中，全面感受传统文化之美，孕育热爱中华文化的情感。虽然我们在美善教育方面做出了一定的成效，但是，还没有形成很突出的品牌，美善环境的创设还有待改进，美善团队的建设还有待深化，美善课程的体系还有待完善，特色项目（传统文化体验坊）的建设还有待深挖。接下来，如何通过校本教研来解决这些问题，有待我们去慢慢探索与实践。

2021 年 10 月 18 日

多方对话，提升自我

——2024年广东省校本研修示范学校与培育学校学科首席专家专项培训总结

2024年4月22—28日，我到广州和佛山参加了2024年广东省校本研修示范学校与培育学校学科首席专家专项培训（学前教育组）。此次培训内容丰富，有专家专题报告、校本研修典型经验专题分享、幼儿园环境与活动观摩等。7天的培训，就像是一场场对话，每一场对话对我来说都是一次提升自我的机会。

一、通过与专家对话更新观念

听了赵南教授的"从人类学视角看幼儿园课程"，我认识到：做教育要有整体视角；幼儿园课程应明确以美育为基本来建构其形式体系；在选择幼儿园课程内容时需要重新认识人类文明。

听了叶平枝教授的"高质量幼儿园课程的特征与开发"，我认识到：课程要兼具预设性与生成性；课程目标是要培养内在幸福、外在优秀、面向未来的全面发展的现代中国儿童；要培养幼儿的三大思维：积极型思维、成长型思维、探究型思维。

听了蔡黎曼教授的"赋权儿童：面向未来的园本课程改革新动向"，我认识到：投入度和幸福感是高质量发展的重要指标；

创造必须变成孩子的学习和生活方式；园本课程改革要注重顶层设计。

听了舒悦主任的"学前教育高质量发展重要路径——打造教师专业发展共同体，建设一流'三名'工作室"，我认识到：学前教育共同富裕是"造峰抬谷"；要留白，不能侵占幼儿所有的时间与空间；要成为一名懂人性的老师。

听了曾成栋博士的"广东省校本研修示范学校与示范培育学校中期考核情况总结与反馈"，我认识到：只有专家持续指导，才能使校本研修更有成效；校本研修模式也要不断研磨与完善；在资金的使用上一定要保障教师培训费有较高的占比。

二、通过与同行对话汲取经验

听了龚艳艳主任分享的"同行致远，精准助力"，我体会到：对帮扶园的园本研修方案要指导到位；在帮扶共进的过程中要进行循环优化；帮扶共进的策略要科学、细致。

听了韩凤梅副园长分享的"幼儿园学科建设方案"，我体会到：开展任何一个项目的工作之前，首先要进行深度思考；开展学科组研修要注重个体发展，提高教师领域及学科教学能力，形成教师个人教学特色。

听了吴碗婷副园长的分享"唤醒·对话·支持"，我体会到：他们通过园本教研新生态赋能教师专业发展的三种做法值得参考——唤醒内在动力，激发教师专业发展原动力；提供对话平台，构建多元互动学习共同体；强化专业支持，推进理论与实践深度融合。

参观省育才二院，让我体会到：只有给幼儿提供足够丰富多样的操作材料，才能使幼儿在自主游戏和科学探究方面大胆思考、充分探索、无限创造；要不断改造校园环境，紧跟时代发展步伐，给幼儿创造优质的学习与生活的环境。

参观佛山市机关幼儿园，让我体会到：要重视教师的心理建设，为教师成长赋能，提升教师幸福感；提升教师心育能力，做好幼儿心理建设；协助教师做好家庭辅导沟通。

三、通过与自我对话改进工作

不管是学习了专家的先进理念，还是学习了同行的先进经验，我都在不断地进行自我对话，在反思自己的不足的同时，思考接下来的行动计划。

在课程建设方面，要做到：从人类学的视角看学前教育，做幼儿园课程；结合幼儿园的美善文化，在课程建设、活动开展中全面渗透美育；加强对人类文明方面的理论学习，在课程建设方面渗透人类文明知识和优秀传统文化。

在开展活动方面，要做到：指导我们的教师既要有目的、有计划地引导幼儿开展活动，又要根据幼儿的兴趣与爱好，灵活调整、生成新的活动；优化课程目标，并根据目标重新选择课程内容；在课程的建设与活动的开展中着重培养幼儿的积极型思维、成长型思维、探究型思维。

在课程改革方面，要做到：为孩子们创造更好的环境、增添更多的材料，使孩子们在游戏中有更高的投入度及幸福感，呈现更好的生命状态；在孩子们的学习与生活中处处渗透创造性思维的培养；从顶层设计开始，一步步完善园本课程建设。

在团队建设方面，要做到：实现教师共同富裕，通过"造峰抬谷"形成优质教育高原；继续发挥名师"带团队，带队伍、引领教育风尚"的作用，塑造好老师不断涌现的良师生态；要加强对教师的培训，使他们个个都成为懂人性的老师，做到懂得人性、尊敬人性、包容人性。

在帮扶共进方面，要做到：加强对受援园接下来两年园本研修方案的指导；完善帮扶共进计划，向华师附幼学习，形成调研需求、计划准备、实地帮扶、跟岗学习、返岗实践、名师互动的循环；丰富帮扶共进的策略，学习华师附幼的共享资源、结对名师等做法。

2024 年 4 月 30 日

经验总结

促进幼儿教师自主发展

自主性是教师发展的本质，它是教师专业自主的直接体现。教师不是专业发展的"被动接收器"，而是自身发展的积极、主动建构者。在幼儿园，随着新课程改革的不断推进，教师所面临的挑战不但具有不可预测性与复杂性，而且教师们也越来越找不到一套适宜的应变方法。因此，教师必须随时对自己的专业结构、教育教学进行调整，而这种调整是教师主体内在素质在教育实践中的一种外化，而这种外化恰恰体现的是教师的自主发展。同时，教师自主发展也是幼儿园发展的需要。为教师搭建一个自主发展的平台，营造良好的学习、研讨氛围，使个体价值与群体绩效得以最大限度地显现，是幼儿园发展的基础和保障。近年来，为了促进幼儿教师的自主发展，我进行了一系列的探索。

一、鼓励自定目标，激发教师自主发展的主观愿望

目标是人做事的内在动因，在影响教师专业发展的诸多因素中，能否设定适当的自主发展目标尤为重要。

首先，为教师提供目标方向。幼儿园应给教师提供几个方面的要求，让教师根据自己的实际情况自定目标。如：在师德方面，要求教师热爱自己的事业，有很强的责任感和使命感；在知识方面，要求教师有广博的知识，深厚的知识基础，知识结构合理；在业务方面，要求教师精通业务，熟悉教材，科学、灵活地运用教法；在基本功方面，要求教师技能技巧基本功扎实，并具备一定的特长；在科研方面，要求教师具备一定的教研能力，能总结教学经验，能承担课题研究工作，具有深厚的理论基础，形成自己独特的教学风格，能运用理论有效地解决实际教学中的问题。

其次，引导教师制订个人计划。在教师明确了目标方向后，再引导教师结合幼儿园的发展规划自主制订个人发展计划，包括自己的优势劣势分析、实现目标的措施及需要幼儿园提供哪些帮助等。为了更有效地促进教师成长，幼儿园还可建议教师制订年度个人发展目标，把长期规划与近期目标结合起来，有效地调整教师自主发展的轨迹，让教师通过自我分析，明确发展的起点，将发展的主动权完全掌握在自己手中。

最后，引导教师完善自我发展体系。在教师个人发展目标确定的同时，幼儿园可尝试建立教师自主发展个人手册，让教师全程关注自己的纵向发展过程，并通过阶段性的反思、总结、积累，不断完善自我发展体系。还可鼓励教师不定期地将自主发展个人手册交流传阅，互相学习借鉴。这种自主发展的参与机制的建立，对培养教师自主发展的意识、激发教师自主发展的内在动机、增强教师的主体责任感，都能起到良好的促进作用。

二、鼓励读书学习，营造教师自主发展的文化环境

"知识改变命运，学习成就未来。"读书学习是教师专业成长最直接、最简便、最有效的途径之一。没有厚积就没有薄发，没有深入就没有浅出。

近年来，我园一直致力于促进学习型组织的建设和幼儿园学习文化的形成，为给教师创造一个温馨、开放的支持性的学习环境，幼儿园建立完善了自主学习机制，开展一系列的读书学习活动。如，开展"营造书香校园，创建学习型幼儿园"读书活动，要求每位教师每学期读书不少于3本（部），写读书笔记不少于15篇，写教育教学论文不少于2篇；并向教师推荐好书，如《爱弥儿》《陶行知教育名篇》《教育就是培养习惯》《给教师的一百条新建议》《做最好的老师》等。在此活动中，教师认真制定个人读书计划，积极参与读书活动，并写了大量的读书笔记和教育教学论文。通过潜心"修炼"，教师们掌握了先进的理念，学会了系统地看问题，养成了读书习惯。文学名著、哲学著作、教育专著，只要对提高教师修养、从事教育研究有益的，教师们就积极地购买，争相传看。

如今，"在工作中学习，在学习中工作"的理念已深入人心，成为许多教师的职业生活方式。学习拓宽了教师的文化视野，积累了教师的文化底蕴，使教师的综合素质有了质的飞跃。

三、搭建各种平台，创设教师自主发展的人际环境

每个教师的个人基础不同、特长不同，要实现每个教师的自我提高，就要为不同的教师搭建不同的舞台，使每一位教师都能感受到成长，体验到成功。

（一）为教师搭建课题研究的平台

创造条件吸引教师参加各级各类课题研究，在课题研究实践中不断与高水平的同行、专家接触，提高教师的理论修养和研究能力。

（二）为教师搭建业务培训的平台

通过园内的有经验的教师培训青年教师，园外的参观学习、听专家讲座、参加各种培训班学习、到高等院校进修等形式，为教师提供培训机会，使教师不断更新教育观念，吸收新的教育理论，掌握现代化的教学手段，提高教育技能技艺。

(三) 为教师搭建学习交流的平台

幼儿园有效组织各级各类的教师团队学习活动,可形成"相互学习共享成果,整体交流互动反思"的良好局面。如,由不同年级、不同学科教师组成纵向大教研组——教师教育教学研究会,定期开展学习研究活动,大家互相取长补短,得到锻炼提高。又如,开展教学观摩活动,教师轮流上公开课,上完课后集体评课,让每位听课的教师都发表评价意见,通过听课评课,大家互相学习,共同提高。

(四) 为教师搭建追求进步的平台

每学期幼儿园都组织各类评优评先活动,让教师追求成功,体验职业的快乐。我园开展的评比活动形式多样,如活动设计评比、论文评比、教育笔记评比、教玩具制作评比、活动室布置评比、教学活动观摩评比等。通过开展这些评比活动,使教师在追求进步的同时,也大大提高了自己的整体素质。

四、培养反思意识,完善教师自主发展的内在渠道

经验+反思=教师成长。教与学之所以能"相长",贵在教学后能及时反思。"反思是优质教学的本质因素。有能力反思的教师能不断进步,为学生的学习负起责任。"反思意识是所有优秀教师的必备素质,是走向教育研究的必由之路。从"实践→认识→再实践→再认识"循环往复以至无穷这个认识规律来看,教学反思在教学实践的过程中所起的正是一种承前启后、不断深化认识的作用。自我反思意识越强的教师,其发展欲望就越强,成长就越快。

我园十分注重培养教师的反思意识,促使教师通过反思自觉形成改善教育教学行为的动机。

首先,引导教师进行教育教学行为的反思和记录。要求教师撰写教育教学反思笔记，随时记录工作中的感想和体会、成功与失败，经常有意识地发现和改进自己的日常教育教学行为，使教师经常与自我保持专业对话，促进教师不断尝试将先进的教学理念付诸教学实践，引领教师将日常教育教学行为向专业化方向发展，从而激发起教师不断自主创新与发展的原动力。

其次，引导教师进行教学活动分析研究。要求教师写教学活动效果分析，自我评价教学活动的成功之处与存在问题，分析记录幼儿的学习态度和能力表现。教师通过对自己教学行为、教学效果的回顾与总结，能逐渐发现教学行为背后的规律，从而主动调整自己的教学行为和观念。

最后，引导教师获得可持续发展的动力。每学期评选一次优秀教育教学案例和反思笔记，并不定期编辑成册，印发给全体教师阅读。平时，还在每周的教师例会或研讨会上让部分教师宣读写得好的反思笔记。这些措施为教师提供了展示才华、交流学习的机会，又使教师感受到喜悦和成功，从而获得自主的、可持续发展的动力。

实践表明，自我反思是促进教师更新教育观念，改善教学行为，提升教学水平，形成自己对教学现象和问题的独立思考和创造性见解的有效途径。

五、实施成就激励，增强教师自主发展的内在动力

成就激励包括自我成就的内激励和榜样事迹的外激励。成就激励是教师工作的推动力。通过有效的激励，可以调动广大教师的工作积极性与主动性，促使广大教师更加积极主动地发挥自己的聪明才智，激发教师工作的内在动力，调动教师的潜能，使教师经常处于一种有信心、有活力的状态，增强教师的事业心、责任心和成就感，提高教师的专业化水平。实施激励的方法多种多样，我认为以下几种方法能有效地促进教师自主发展。

（一）按量核奖法

根据教师的工作量、职责和幼儿发展状况，确定教师的奖励额度。我园近几年来便采取这种方法对教师进行月考核，每月对教师在活动室布置、家（电）访情况、卫生状况、备课情况、幼儿出勤情况和幼儿学习情况等方面进行考核，按考核结果划分等级，再按等级进行不同的奖励。通过这样的量化考核和奖励，使教师产生了巨大的工作推动力和较强的工作自觉性。

（二）竞争激励法

以倡导忠诚于事业的献身精神、开拓进取的创新精神、合作奋进的团队精神、勤奋努力的务实精神为基点，每学期开展各种教育基本功大赛，形成良性的竞争氛围。我园每学期都开展各种竞赛活动，如普通话比赛、钢琴比赛、绘画比赛、手工制作比赛、唱歌比赛等，事实证明，开展这些竞赛活动能有效地激发教师积极主动地提高自身素质。

（三）荣誉激励法

给优秀的教师以表彰、光荣称号和各种荣誉来满足教师的心理需求，达到激励的目的。每个教师都有自尊心与荣誉感，这属于马斯洛的第四层次需要，结合这种心理需要，在教育实践中对教师设立各种荣誉，如先进工作者、优秀教师、模范班主任、科研标兵、学科带头人等。我园每年都评选各种先进个人，并推选先进教师参评市、省级的各种先进个人，凡是被评为先进个人的教师，都会产生很大的心理满足感，同时也会产生以后把工作做得更好的内动力。

（四）榜样激励法

幼儿园为教师树立正确积极的典范，促进教师的模仿学习，引导教师向组织目标所期望的方向发展。模仿学习无处不在，幼儿园选择思想进步、品德高尚、工作积极、业绩突出、享有威信的教师作为大家学习的榜样，可以激发教师的上进心，激发教师敬慕先进、向先进学习的热情，激励教师找差距，鼓舞教师迎头赶上。

2006年3月18日

促进内涵发展　实现幼儿教育优质化

所谓幼儿教育优质化，就是教育能促进幼儿全面和谐发展和提高幼儿整体素质。为了实现幼儿教育优质化，近年来我园进行了一系列的探索与实践，充分利用自身条件，盘活幼儿园内部资源和潜力，建构有利于幼儿发展的机制，为幼儿的发展提供优质的教育资源，满足了园内每一位幼儿个体真实的发展需要。

一、促管理优化——实现幼儿教育优质化的重要内涵

优化管理有利于教育资源的合理配置，使有限的人、财、物、时间、空间、信息等资源得到充分利用，以最少的投入获得最大的收益，从而提高幼儿园的办园水平和保教质量。因此，促进管理优化非常重要。

（一）优化管理运行的基石——以法治园

"以法治园"使幼儿园管理规范和规章制度在园内具有法的性质和法的效力，体现了管理的严肃性，是幼儿园管理运行的基石，是幼儿园自主发展的保障机制。"以法治园"既可确立幼儿园管理规范化的思想，推动幼儿园内部管理形成自主发展的机制，又可增强教职工依法从教的法制观念，而落实法规、搞活机制的具体化就是制度建设。

我园从建立健全管理机制入手，全面推行以法治园。根据国家和地方有关幼儿教育方面的法律法规，结合本园实际，我们认

真制订各种规章制度，建立健全了《教职工代表大会制度》《学习、会议制度》《考核与奖惩制度》《财务制度》《膳食管理制度》《园务公开制度》《安全制度》《家长承诺制度》《过错追究制度》等 40 多项规章制度，规范了各岗位人员的岗位责任制，将幼儿园内部的各种管理关系通过制度的形式固定下来，促使内部管理和教育实践运行规范、有序；明确了教职工各自的职责、权利和义务，提高了教职工依法从教的自觉性；增强了管理的力度，使管理更加完善，事事做到有法可依、有章可循。

（二）优化管理运行的关键——以人兴园

"以人兴园"注重动态的组织发展，注重人的价值观、情感和心态等，将人的激励因素放在首要位置。幼儿园的职能是育人和服务，一切管理工作都以人为出发点和归宿，人的行为是管理运行中的各种矛盾的集中点和各种管理关系的综合表现，如果幼儿园的组织管理离开人这一宗旨，就会成为盲目的、无意义的运行。而"以人兴园"注重的是人的自主精神，是幼儿园自主发展的动力机制，是在规范上的优化发展。

我园积极倡导一种平等宽松的管理氛围，追求一种更人性化的管理模式。采用园长全面负责、全体职工民主参与的管理体制，提倡团结协作，各司其职，各尽所能，在决策上集群众的智慧，在行动上聚集体的力量。幼儿园的工作任务，以及园内的大事、热点、难点问题都让大家共同讨论，形成认同感、归属感，鼓励大家共同参与园内的管理工作，树立"一切为了孩子"的敬业精神，增强"园荣我荣"的主人翁意识。在配班上，采用优化组合、自愿组合与统一调配相结合的"双向选择"的方式，为职工的工作营造一个开放、支持、和谐、愉快的氛围，充分调动了大家工作的积极性和主动性。日常工作中，用赏识的眼光看待每一位教师，使他们充满自信，形成积极向上的氛围。由于在工作中注重以情育情，注重民主管理，所以形成了很大的凝聚力，教师们的工作热情高涨，全园形成了良好的你追我赶、争优争先的工作氛围。

二、促队伍优秀——实现幼儿教育优质化的关键内涵

教师是影响教学质量的重要因素，是促进幼儿发展的决定因素，因此，优质教育需要优质教师，优质教师是实现教育优质化的基本保证。教育优质化关键是抓好人，抓好队伍的提高，注意优化整体结构，促进师资素质水平的提高。提高师资素质主要是提高他们的思想素质和业务素质。我园的主要做法是：

（一）重视政治理论学习，提高职工政治素养

近年来，我园职工坚持学习，及时收看中央新闻，了解国家大事和发展动态。学习中坚持写学习笔记和心得体会，这使他们坚定了政治立场，增强了社会主义荣辱观，思想觉悟进一步提高。

（二）加强师德师风学习，树立良好行业形象

我园认真组织教师学习《中小学教师职业道德规范》，积极开展向先进模范学习的活动，举办多种形式的以"爱岗、敬业、奉献"为主题的师德建设活动，教职工的师德素养不断提高。教师们齐心合力、奋勇争先，诚实守信、爱岗敬业蔚然成风，从言谈举止到着装风格，从教学态度到教育行为，处处为人师表，树立了良好的行业形象。

（三）开展岗位练兵，提高教师教学技能

我园先后开展了一系列的岗位练兵活动：开展大型教学观摩活动；进行环境创设评比；开展教育笔记、教学论文评比；组织年轻教师进行舞蹈训练；组织教师开展钢琴、直笛、唱歌、讲故

事、绘画、手工等技能比赛等。开展这些活动使教师的教育教学技能不断得到提高，有效地促进了他们的专业化成长。

（四）开展各种活动，提高职工业务素质

一是"请进来"：邀请专家来园开专题讲座、开展各种培训和上公开课等；二是"走出去"：经常选派教师到北京、广州、深圳等地参加省级教师培训，参加省教育厅和省学前教育协会的课题研讨会，到先进幼儿园参观学习等。此外，还通过举行优秀课例展示活动、"说课评课"交流活动、园本课程研究、鼓励教师参加继续教育学习等，提高教师的业务素质，进一步促进了师资队伍的整体优化。

三、促环境优美——实现幼儿教育优质化的根本内涵

好的环境是幼儿园"立园"之根本。《幼儿园教育指导纲要》中明确指出"环境是最重要的教育资源，应通过创设和有效利用环境促进幼儿的发展"。因此，我们必须努力营造园所环境与自然环境的有机结合，注重室内外环境的和谐统一，整合各方教育资源，为优质的教育实施奠定基础，达到环境创设与教育活动的完美统一；发挥每个活动室的功能，大力提倡运用自然物、回收物和一切可利用的物品等，把教育目标预设的环境与幼儿自我生存的环境结合起来，创设能体现孩子自主发展需要的"儿童世界"。我园主要从两方面优化育人环境：

（一）优化美化园内环境

由于建园历史长久，我园的园舍逐渐残旧，为改变这种状况，我园重新装饰、装修了教学楼和周边旧围墙，改造了南门，增设了车库，增设了园门两边、厨房、长廊、办公楼下的不锈钢橱窗，增加了画架，使整个幼儿园的面貌焕然一新。我们还充分利用我园"地大"的有利资源，规划建造了一个600多平方米的生态园，园内除了种植品种多样的花木，还专门为幼儿开辟了种植地。此外，我园还加大了绿化的投入，种植各种花草树木，使全园绿化覆盖率达98%。园内绿草成茵，绿树成盖，花香阵阵、鸟语声声……达到了净化、绿化、美化、儿童化、教育化、安全化的"六化"标准。

（二）完善教育教学设施

我们先后购进了一批新桌椅，还购进了打印机、复印机、VCD机、功放机、电脑、考勤机等设备，增强了办公系统的信息化管理，做到各项工作、册籍资料等档案实现电脑管理；增加幼儿图书、教育用书、音像资料一大批；每班配备钢琴、收录机各1台，玩具、教具一大批；添置和翻新了户外大型玩具一大批；设置了音乐体育综合室、科学活动室、美工室、图书资料室、档案室等多种功能室。同时，我园充分发挥教职工的主观能动性和创造力，用废旧物品自制了多功能、实用的玩教具一大批，既节约了能源，又大大满足了教学和幼儿各类活动的需要。

四、促保教优质——实现幼儿教育优质化的主要内涵

幼儿园的各项工作是一个有机联系的整体，每一项工作在这个系统整体中都起着各自独特的作用，但在这个系统中，处于核心位置的是保教工作。保教工作是幼儿园的中心工作，是幼儿园中最经常、最大量、最基本的工作，是幼儿园质量的最直接、最明显的体现。因此，实现幼儿教育优质化最主要的就是促进保教质量优质化。促保教优质可从以下三方面着手：

（一）抓好保教常规工作

抓好保教常规工作，能使保教过程有程序、有目标地顺利进行，能保证培养目标的实施和保教质量的不断提高。我园从细处

入手，从严处把握，抓好保教常规工作。要求保教人员严格按照幼儿一日作息时间和计划开展活动，严格遵守幼儿园内幼儿生活、游戏、教学和卫生保健等方面的工作细则，坚持一贯性、一致性和灵活性的原则，做到保教结合，动静交替，室内外结合，个别与集体结合，以促进幼儿全面和谐发展。领导班子成员经常深入班级检查保教工作，要求保教人员向每一天要质量，确保各班能按计划认真组织一日活动中的各个环节，使一日活动规范有序。

（二）开展教科研活动

开展教科研活动能深化幼教改革，使幼儿教育跟上形式的发展，是提高保教质量的有效途径，也是提高保教人员素质的有效途径。我园根据实际情况和幼儿的年龄特点，先后开展了《"年例"的幼儿节日课程开发》《游戏、娱乐、运动》《中国奥尔夫音乐教育实践研究——幼儿英语&奥尔夫音乐艺术教育整合教育》等课题研究。经过探索和实践，幼儿的身体素质、音乐素质和综合素质都得到了很大的提高。与此同时，教师也增强了教科研能力，发挥了教育创造力，提高了保教水平，改进了教育观念和教育方法。

（三）开展特色活动

结合本园实际开展特色活动，有利于形成自身的特色之路，从而促进本园教育的大发展。我园根据幼儿的兴趣和爱好开设音乐、舞蹈、美术、英语、识字等特长班，创建艺术教育特色，发展幼儿的特长，培养幼儿的个性。此外，还结合节日开展各种大型活动，促进幼儿全面发展。如，开展"新年化装舞会"，激发幼儿的想象力、创造力；开展"庆元旦暨小小运动会"，培养幼儿的竞争意识，增强幼儿的体质，提高幼儿的动作协调力；举行园庆游园活动，锻炼幼儿创造性思维和身体协调能力；举行"六一"文艺会演，提高幼儿的艺术表演能力，培养幼儿的团结合作精神。

五、促服务优良——实现幼儿教育优质化不可或缺的内涵

根据《幼儿园工作规程》的规定，幼儿园担负着双重任务，即保教好幼儿和为家长服务，可见为家长提供优良的服务是实现幼儿教育优质化不可或缺的内容。幼儿园应主动与幼儿家长配合，帮助家长创设良好的家庭环境，向家长宣传科学保育、教育幼儿的知识，共同担负教育幼儿的任务。我园是这样为家长提供服务的：定期召开家长会，指导家长正确了解幼儿园的保育和教育的内容、方法；设置橱窗宣传专栏，及时向家长展示幼儿园各种活动照片，向家长宣传科学的育儿知识；每月发放《家园联系册》，使家长及时全面地了解孩子在园的各种表现；举行家长开放日，使家长直观了解幼儿园教育，懂得具体的幼儿教育方法；不定期邀请专家或指派教师开展家教讲座，使家长掌握先进的家教理念和育儿方法；不定期征求家长的意见和建议，并根据家长提出的意见和建议有针对性地改进工作；组织开展丰富多彩的家园同乐活动，进一步密切家园联系，如举行"六一"亲子组画活动、毕业班聚餐、篝火晚会等，增进幼儿园与家长之间的交流和友谊。通过形式多样的活动，使家长了解自己的孩子在幼儿园的表现及发展水平，提高家长主动参与幼儿教育的意识，形成教育合力。此外，为了提供便民利民服务，我园还想方设法筹集资金购买了一辆中巴车接送幼儿，为路途远的家长提供了方便，解除了家长的后顾之忧，深受家长的好评。

2010年3月8日

幼儿园的语言教学

0—6岁是幼儿语言发展的关键时期，想要挖掘出幼儿自身所具有的智慧才能，我们就不能忽视幼儿成长阶段的语言发展关键期。在幼儿园的语言教学中，过去我们往往侧重于复述故事、背诵儿歌、造句练习，却没有想到，实际上幼儿是在交往中自己获得语言，而不是别人教会他说话。换言之，语言的能力是在运用的过程中发展起来的，因此，发展幼儿语言的关键不是让幼儿强记大量词汇，而是要引导幼儿乐意与人交谈，讲话礼貌；注意倾听对方讲话，能理解日常用语；能清楚地说出自己想说的事；喜欢听故事看图书；能听懂和会说普通话；等等。明确了幼儿园语言教学的关键，那么在幼儿园应运用什么样的方法来开展语言教学呢？以下是我对此的看法与实践。

一、为幼儿创设自由宽松的语言交往环境

《3—6岁儿童学习与发展指南》指出，要"为幼儿创设自由宽松的语言交往环境"，自由宽松的语言交往环境是幼儿学习与发展的基本前提，是调动幼儿有话敢说的内部动机和必要条件。

首先，无论幼儿的表达水平怎样，教师都应抱着积极、鼓励的态度，增强幼儿说的信心和勇气。尤其是对少言寡语的幼儿，更应给予关心和帮助。教师要鼓励幼儿大胆表达，提倡敢说先于正确。当幼儿词不达意或语句不太完整时，成人不要急于或者刻意加以纠正,以免给孩子造成心理压力,给幼儿以挫折感或压抑感,从而失去说话的主动性、积极性。所以,鼓励幼儿敢于表达自己的观点甚至比幼儿说得是否正确更为重要。

其次,应丰富幼儿的生活,为幼儿创造说话的机会和条件。教师应尊重幼儿的心理特点和心理需要,选择适宜的谈话内容、方式和场合,选择他们感兴趣的内容引发话题,鼓励幼儿的每一次表达,并让孩子通过语言表达体验到语言交流的意义和成功的快乐。如,晨间接待幼儿入园时,教师观察每个幼儿的表现及情绪变化,寻找话题与幼儿做一次简单对话。又如,游戏活动中,让幼儿"做前说"——先说说自己的计划、打算,然后按自己的构想去做;"做中说"——边做边说,借助说,推动游戏情节展开,丰富游戏内容;"做后说"——活动结束后,让幼儿说说自己是怎样做的,对自己的活动做一个简单的评价。

再次,教师要把握一个原则:能让所有孩子说的时候不要只让几个孩子说,能让几个孩子说的时候不要只让一个孩子说。在幼儿畅所欲言的交流中,教师避免出于"教育"的目的,打断孩子的话而要求孩子"说完整""说对""发音正确"等,可以允许孩子出错。

最后,幼儿学习语言需要有模仿的对象和良好的语言环境,教师作为幼儿的榜样,教师的语言从内容到形式都应该是标准、规范的。与此同时,我们还要为幼儿多提供自由交谈的机会,启发幼儿主动积极地参加交际,引导幼儿多听多说、多实践,形成良好的语言氛围。

二、为幼儿提供真实丰富的语言运用环境

人类语言的获得不是天生的,而是后天学习的结果。我们要为幼儿提供多种表现自我的机会、说的机会,来增强幼儿大胆表现的欲望。如，开展"开心小主持""餐前播报""故事大王""自由交谈"等活动，让幼儿学会把生活中的所见所闻及所学通过自己的表现及说来传达给周围的人，与他人一起分享，体验分享的快乐，同时也培养幼儿倾听的习惯，提高幼儿的表达能力，树立幼儿的自信心。

在此基础上我们还要引导孩子把话说好，也就是把要说的话讲清楚、讲完整、讲得生动、讲得贴切。那么怎样去引导呢？我是这样做的：一是在日常生活中学。如，春天来了，带幼儿散步时，让幼儿观察各种树木、花的变化，幼儿在寻找过程中发现好多花草树木变了样，"紫荆树开花了，非常漂亮""掉光树叶的树木长出了嫩叶，嫩绿嫩绿的""干枯的小草变绿了""马樱丹开花了"，等等，幼儿在观察议论、想象中及时地用语言表达出来，发展了口语表达能力。总之，在幼儿一日生活中，如户外活动、谈话、种植等都是幼儿语言学习的有益资源，教师要善于抓住契机，引导幼儿学习和发展语言。二是在游戏中学。如，在角色游戏中鼓励幼儿积极地用语言交流，在建构游戏中鼓励幼儿积极地用语言分享，在扮演游戏中鼓励幼儿积极地用语言表演，从而获得语言的发展。三是在相互渗透的各个领域中学。幼儿语言的发展与其情感、经验、思维等其他方面有着密切的关联，因此，互相渗透各个领域的教育是发展语言的重要途径。如，在音乐活动中让幼儿边听音乐边联想边说对音乐的感受，在美术活动中让幼儿用语言讲述自己绘画的内容，让幼儿在轻松、愉快、自然的氛围中获得语言能力的发展。

三、帮助幼儿养成良好的语言行为习惯

文明的语言行为习惯养成要从小抓起，教师要为幼儿创造良好的条件和环境，使孩子从小就会使用礼貌用语，有良好的语言

行为习惯。

首先，教师要注意语言文明，为幼儿做出表率。如，与他人交谈时，认真倾听，使用礼貌用语；在公共场合不大声说话，不说脏话、粗话；幼儿表达意见时，教师蹲下来，眼睛平视幼儿，耐心听他把话说完。

其次，教师要帮助幼儿养成良好的语言行为习惯。培养幼儿良好的语言行为习惯可以从以下几方面入手：教育孩子尊敬长辈、成人；要求幼儿用礼貌语言主动、热情、大方地打招呼、称呼人，会问早、问好，会与人道别。教育孩子当遇到困难需要帮助时会说"请您帮我……"；受到帮助后，会说"谢谢"；教育孩子当自己不注意影响别人时，要主动诚恳地道歉；而当别人影响了自己时，能克制、谅解别人，会说"没关系"；班上来了参观、听课的人时，知道问"客人好"等。教育孩子当别人在谈话时，应做到不插嘴、不妨碍；别人和自己讲话时，要专心地听，不打断别人讲话，不离开，不嫌烦；有急事需要及时谈时，要打招呼；别人向自己提出问题时，要认真地回答。教育孩子要有良好的语言习惯，讲话时声音要大，让大家能听见；速度要适中，不快不慢；语言要准确，吐字要清楚；说话时，要看着对方，不要东张西望，不骂人。进行这些文明礼貌的言行规范教育时，我们应始终坚持"正面教育与具体行为相结合"，使孩子直观地理解文明用语的含义，并会正确使用。

四、为幼儿提供良好的阅读环境和条件

苏霍姆林斯基说："只有让学生体验到快乐的情感才能学得好。"在早期阅读教学活动中，教师应想方设法，善于唤起幼儿的阅读兴趣，激励他们持续地、愉快地、主动地参与阅读活动。这里最关键的问题是教师要搞好环境创设。

首先，为幼儿创设一个充满书香与文字的环境。幼儿园设立专门的图书室，各班教室、活动区内设立温馨、优雅且适合阅读主题教学的图书角。图书应该以图为主或图文并茂，种类不必过多，但每本图书最好多备些副本。图书要定期更换，幼儿可以自由选择图书。通过图书角，可以使幼儿更多地接触教学以外的文学作品，扩大他们的眼界。幼儿在图书角阅读图书和画册时，教师应趁机启发和鼓励幼儿相互谈论书中的角色和情节，以发展其口语表达能力。教室及园内其他设施可以张贴醒目的文字标牌，幼儿走到哪里，接触到一些物品，很容易通过标牌文字提示，与物品建立起意义联系，形成有效阅读意识。

其次，教师应根据幼儿的好奇心和求知欲，及时调整适合幼儿阅读的图书、故事内容，并根据不同的故事及内容采用不同的阅读指导技巧。如，可以利用故事插图，组织幼儿续编故事活动。这样坚持不懈地努力，幼儿就能始终保持旺盛的参与阅读活动的积极性与浓厚的兴趣。

五、培养幼儿初步的阅读理解能力

在我们的生活里，处处都有幼儿阅读的机会和内容。把握时机，开展丰富多彩的阅读活动，让幼儿在"玩"中学，培养他们阅读的兴趣，促使其养成良好的阅读习惯，从而提高幼儿的语言理解能力、发展想象能力、交往能力，培养他们的自信心、独立性、好奇心和创造性，促进他们个性的和谐发展。我们可以采取多样化形式，让小朋友参加各种阅读活动，如：集中式，采取相对集中的阅览形式，让小朋友集中阅览，教师可在集中阅览中，全面观察多数幼儿的活动情况，予以集中指导；休闲式，采取比较分散、较随意的阅览形式，幼儿选择阅读资料后，可三三两两地、自由地、分散地到小型活动区或个人活动区进行活动。教师可在休闲式的阅览活动中，观察个别幼儿的活动情况，予以个别指导。另外，还可开展每周一次阅读日活动、读书比赛活动、创编故事活动、故事情节表演活动、一封信活动、竞选故事大王活动、制作小人书活动、认识书店等主题教育活动。通过一系列丰富多彩的阅读活动，培养幼儿的竞争意识，发展幼儿的语言，提高幼儿的阅读能力。

六、开展丰富多样的语言教学活动

开展丰富多彩的语言教育活动，可以使幼儿的语言规范化，丰富幼儿获得语言的词汇，为幼儿入小学全面学习书面语言打下坚实的基础，也让幼儿学习在不同的语言情境中如何运用相应的语言交流方式来与人交往。比如：在谈话活动中让幼儿学习如何倾听他人的语言，并采用合适的内容和语言形式与他人交谈；在谈话活动中让幼儿学习怎样在集体面前比较清楚地叙述个人的看法；在文学活动中幼儿侧重理解和使用叙事性的语言表达方式；听说游戏要求幼儿使用敏捷应变的语言；让幼儿讲故事是培养语言才能的良好方式，可以锻炼记忆，学习措辞，启发幼儿的想象力，培养幼儿的文学爱好；儿歌的形式活泼，便于用动作表演，音韵节律朗朗上口，最易被幼儿接受和传唱；等等。通过这些活动，使幼儿在掌握大量的词汇的基础上，能够将所掌握的词按照一定的语法规则合乎逻辑地组织起来表达自己意思。其作用是培养幼儿从倾听到对话，从对话到讲述的过程。

七、利用家庭教育促进幼儿语言发展

陈鹤琴说过："幼稚教育是一种很复杂的事，不是家庭一方面可以单独胜任的，也不是幼稚园一方面能单独胜任的，必定是两方面共同合作，才能得到充分的功效。"所以我们不能忽视家庭教育的作用。通过调查发现，现在家长与孩子沟通很少，虽然

有的家长也带孩子出去玩，但却不知道怎样引导孩子说话，也有的家长认为"孩子长大了就会说话，不着急"，还有的家长把教育的任务推给了老师，完全撒手不管。针对这种现象，我们通过多种形式，启发家长重视早期语言教育，指导家长培养孩子的语言方法。如，在家园联系栏张贴《如何创设良好的家庭语言环境》《做好孩子的语言玩伴》《小儿说话掌握的五种技能》《孩子语言发育迟缓的原因》等相关文章，让家长进一步了解语言教育方面的知识；利用早晚接送、家访、电话咨询等方式解答家长在教育过程中遇到的问题。教育，不是幼儿园单方面的责任，而是家园共育的目标。孩子语言能力的培养，渗透于孩子生活的每时每刻，因此对幼儿的语言教学需要我们家园紧密合作，共同培育，只有这样，才能更好地促进孩子的语言发展。

2013 年 9 月 12 日

幼儿园开展思政教育初探

教育是国之大计、党之大计，承担着立德树人的根本任务。思政课是落实立德树人根本任务的关键课程，发挥着不可替代的作用。中共中央办公厅、国务院办公厅印发的《关于深化新时代学校思想政治理论课改革创新的若干意见》就深化新时代学校思想政治理论课（简称"思政课"）改革创新提出了具体意见，这其中虽然没有要求幼儿园开设思政课，但是，我认为有必要在幼儿阶段就开展思政教育，在孩子们的心中埋下爱党爱国的种子，萌发他们初步的爱党、爱国、爱社会主义、爱家乡、爱集体的情感。于是，近两年来，我们在幼儿园开展了一系列思政教育活动，取得初步的成效。

一、开展传统文化体验活动，孕育热爱中华文化情感

为了传承中华优秀传统文化，让幼儿在传统文化的丰厚滋养中健康成长，我们创设了青花坊、首饰坊、木工坊、剪纸坊、拓印坊、石艺坊、编织坊、扎染坊、建筑坊、陶艺坊、刺绣坊等特色鲜明的传统文化体验坊16个。在此基础上，开展一系列传统工艺、传统民俗自主游戏活动，形成了"一班一体验坊，一班一特色"，让孩子们每天通过操作、体验、学习，全面感受传统文化之美。在传统文化的浸染中，孕育了孩子们热爱中华文化的情感。

二、开展红色故事比赛，培养红色精神传人

在中国共产党成立100周年之际，为了大力弘扬爱国主义精神，增强党史、国史教育，激发幼儿的民族自尊心、自信心和自豪感，我们举行了以"红色故事永流传"为主题的故事比赛。比赛中，小选手们用他们的满腔热情讲述了一个又一个动人的故事，如不怕牺牲的王二小、雨来、海娃等人的事迹，每一个故事都是一场精彩的演绎，小选手们落落大方，语言清晰，用稚嫩的声音感染每一位聆听者，传达着红色故事的经典。通过讲红色故事，让孩子们从小感受红色文化，追寻革命先辈的光荣足迹，感受革命情怀，激励孩子们热爱祖国、争做红色精神传人的情感！

三、开展"童心向党"文艺会演，培养爱党爱国精神

在中国共产党成立100周年的六一前夕，我们举行了以"童心向党，星耀童年"为主题的庆祝中国共产党成立100周年暨"六一"文艺汇演，让孩子们用欢歌乐舞来迎接党的百年华诞，讴歌党的丰功伟绩，展现新时代儿童的良好风貌和精神力量。孩子们通过《党是太阳我是花》+《七律·长征》等诗朗诵表达我们的祖国像花园，孩子们就是花园里的花朵，盛开在党的怀抱里；通过《红星闪闪》+《国旗国旗多美丽》等歌曲唱出了祖国久远的过去，表达了对祖国美好未来的祝愿；通过《我们是社会主义接班人》等韵律操展现了祖国未来花朵们的朝气蓬勃；通过《热爱祖国》+《祖国祖国我们爱你》等歌伴舞表达了对祖国的热爱之情；通过《争当红色接班人》等舞蹈表达他们争当共产主义接班人、继承革命先辈的光荣传统的愿望。孩子们甜美的嗓音、美妙的歌声、动人的舞姿，表达了他们一颗童心跟党走，饱含爱国情怀。

四、开展思政课堂教育活动，传承伟大建党精神

为了贯彻落实习近平总书记关于思政课的重要指示，培养孩子们的爱国爱党情感，在孩子们的心中埋下传承和弘扬伟大的建党精神的种子，我不定期以主题的形式给孩子们上思政课。

如，以"吃水不忘挖井人，红色党史润童心"为主题，给全体大班幼儿上思政课。首先，我带领孩子们观看故事片《王二小》，让孩子们从王二小身上汲取临危不惧、宁死不屈、忠于革命忠于党的精神养分；接着，教孩子们认识党旗，让他们了解党旗是中国共产党的象征与标志，了解党的生日；然后，给孩子们讲述《吃水不忘挖井人》的故事，并向孩子们介绍故事中伟大的人物——毛泽东；最后，带领孩子们诵读和歌唱儿歌《吃水不忘挖井人》。

又如，在中国共产党成立100周年的前夕，我以"传承弘扬长征精神，献礼建党百年华诞"为主题，给孩子们上了一堂别开生面的思政课。孩子们身穿红军装，头戴八角帽，首先观看了《长征》纪录片。通过视频学习，孩子们知道了什么是"长征"，知道了红军在漫漫征途上，走过荒草地、翻过雪山、飞夺泸定桥、巧渡金沙江等历史事件。接着，我给孩子们讲述了故事《马背上的小红军》。通过听故事，孩子们不仅认识了陈赓大将军，还学习了小红军一心为别人着想、把困难和危险留给自己的高尚品质。然后，我带领孩子们朗诵毛泽东诗词——《七律·长征》，让孩子们在诗词中再次感受红军长征的艰辛，以及不畏艰难险阻的长征精神。最后，我组织孩子们参加了"童心向党，重走长征路"户外体验活动。活动中，我们精心创设了"飞夺泸定桥""爬雪山""过草地"等游戏情境，让孩子们在奔跑、闯关、克服障碍的体验中重温历史，感受长征的艰辛，领悟红军百折不挠、

自强不息的精神力量。

通过给孩子们上有情感、有深度、有温度的思政课，增强孩子们的代入感和参与感，植根孩子们对中国共产党的热爱，塑造孩子们克服困难的品质，教育孩子们永远听党的话，埋下传承和弘扬伟大的建党精神的种子。

五、开展红色主题参观活动，传承红色革命精神

为了让幼儿感受红色革命精神，体会茂名本土特色民俗文化，培养幼儿爱党、爱家乡的情感，我们组织幼儿到茂名市博物馆开展红色主题参观活动。

茂名市博物馆是国家二级博物馆，馆中有各类文物藏品近1万件，各类藏品让人目不暇接。小朋友们在参观中走进了一个又一个历史瞬间，近距离感受着一件件文物中所蕴含的历史的厚重感。在茂名革命史陈列馆，小朋友们听着茂名的革命历史，看着革命战士在战斗中使用的枪械、刀具等各种物品，还在沉浸式多功能影音空间观看了《粤桂边阻击战》的小短片，全身心地感受无数英烈为了共产主义理想和国家民族的前途，不惜抛头颅、洒热血的英雄事迹。在茂名馆藏历史文物陈列厅，小朋友们不仅看到了恐龙蛋化石等动植物化石，还穿梭在各个朝代的文物中，感受中华文化以及茂名地区文化的源远流长。在茂名民俗风情展馆，小朋友们还看到了具有茂名特色的高州木偶、籺印以及各种劳作工具等，对茂名的民俗风情有了进一步了解。通过参观，小朋友们不仅进一步了解了茂名地区的历史，还聆听了革命烈士的英雄事迹，将红色种子播撒于心。

六、开展红色主题阅读节活动，传承红色基因

为了培养幼儿良好的阅读习惯，帮助幼儿亲近红色经典，重温革命精神，2021年3月至4月，我们开展了为期一个月的"红色主题阅读，传承红色基因"阅读节活动。

在这一个月的时间里，我们分别开展了红色主题故事比赛、参观书店及图书馆、小书虫擂台赛、小书虫打卡、家长助教及"我带一本书、大家一起读""红色阅读周周诵"等活动。另外，老师们还制作了红色经典故事微课，以深入浅出、直观生动的方式帮助小朋友们更好地了解红色经典故事，传承红色基因。丰富多彩的阅读节活动让幼儿在源远流长的红色经典文化中浸润心灵，体验红色经典文化的魅力。

七、开展传统节日教育活动，传承优秀传统文化

为了弘扬中华民族传统文化，增进幼儿对传统民族节日的了解，感受传统节日喜庆祥和的气氛，体验传统文化的魅力，我们在传统节日期间开展了一系列传统节日教育活动。

在元宵节期间开展"欢乐元宵节"主题教育活动。在元宵节的早上，孩子们早早来到幼儿园，将自己与爸爸妈妈共同准备的花灯在老师的帮助下挂起来，游戏架下、树上，处处挂灯添彩，营造出幼儿园内浓浓的元宵节气氛。上午开展"庆元宵"游园活动，游园活动以民间传统游戏为主题，有投壶、跳飞机、挑灯笼、捉迷藏、盲人敲鼓、转陀螺等游戏项目。孩子们或跟随老师，或自由结伴参与传统游戏。下午，各班制作汤圆，孩子们做汤圆、煮汤圆、吃汤圆。通过丰富多彩的元宵主题活动，孩子们留下了对元宵节的美好记忆。

在端午节期间开展端午节主题教育活动。教育活动形式多样，精彩纷呈。一是了解端午节。对小、中、大三个年级的小朋友分别开展《认识端午节》《端午节的由来》《端午节的习俗》三个了解端午节的主题小活动，通过教师讲解、观看视频等方式，让孩子们从多个角度了解端午节的来历及一些民间习俗，知道端午节是中华民族最重要的传统节日之一。二是制作粽子。小朋友们用不同的艺术手法制作出自己心中的粽子，有的小朋友在画纸上画出不同形状的粽子，有的小朋友利用卡纸做出可爱的立体粽子……三是赛龙舟。让孩子们在体育活动中体验赛龙舟的乐趣，孩子们用木板做成龙舟，用小推车做成龙舟……通过系列活动，孩子们了解了端午节的由来及各种习俗。

在中秋节期间开展"师幼携手，共迎中秋"系列活动。为了让孩子们了解中秋节，体验节日的愉悦，传承传统文化，小班的老师准备了形式多样的中秋节活动，有故事《中秋节的由来》、儿歌《八月十五月儿圆》、手指谣《中秋节》、手工"做月饼"、猜灯谜、游戏"切水果"以及美食分享大会等。中班的老师为孩子们耐心地讲解中秋节的来历，并观看视频《中秋节的由来》，让孩子知道每年的农历八月十五是中秋节，也是中国的团圆节。了解完中秋节的由来，老师们还组织孩子开展"赏灯笼，猜灯谜"的活动，大家玩得不亦乐乎。大班的老师与孩子们共同欣赏《嫦娥奔月》的神话故事，一起朗诵中秋诗歌，还进行中秋节的小知识互动抢答，最后，孩子们以一首歌曲《好事圆圆》结束这盘"文化大餐"，开启了中秋美食品尝会。孩子们诵着中秋词，唱着中秋歌，尝着中秋食，既接受了传统文化的熏陶，又创造了难忘的欢乐时光。"天上月满，人间团圆"，中秋系列活动，不仅让孩子们在分享的欢乐中度过了别样的中秋节，也让孩子们了解了中秋节的来历和民俗文化，丰富了孩子们对中国传统文化的认识。

2021 年 8 月 29 日

交流分享

读书分享

为了带领工作室的成员多读书、读好书，促使园长们养成爱读书的好习惯，提高园长们的综合素养，我们工作室制定了每月一分享的读书分享活动计划。在 2022 年世界读书日这个特殊的日子，我们开启了读书分享会。作为工作室的主持人，我首当其冲，第一个做读书分享。

以下是我的分享内容。

亲爱的各位姐妹们：

大家好！很高兴能够跟大家在线上隔空相见！大家都知道，今天是个非常特别的日子——世界读书日。选择这个特别的日子开启我们工作室的读书分享活动，我觉得是非常有意义的！

下面我首先来跟大家说说"世界读书日"这个话题吧！

联合国教科文组织曾经在 1972 年向全世界发出了"走向阅读社会"的召唤，要求社会成员人人读书，使图书成为生活的必需品，读书成为每个人日常生活不可或缺的一部分。1995 年，联合国教科文组织宣布 4 月 23 日为世界读书日，致力于向全世界推广阅读、出版和对知识产权的保护。每年的这一天，世界 100 多个国家都会举办各种各样的庆祝和图书宣传活动。

联合国教科文组织选择 4 月 23 日成为世界读书日的灵感来自

一个美丽的传说。4月23日是西班牙文豪塞万提斯的忌日，也是莎士比亚出生和去世的纪念日，又是美国作家纳博科夫、法国作家莫里斯·德吕翁、冰岛诺贝尔文学奖得主拉克斯内斯等多位文学家的生日，所以这一天成为全球性图书日看来"名正言顺"。

世界读书日的主旨宣言为：希望散居在全球各地的人们，无论你是年老还是年轻，无论你是贫穷还是富有，无论你是患病还是健康，都能享受阅读带来的乐趣，都能尊重和感谢为人类文明做出巨大贡献的文学、文化、科学思想大师们，都能保护知识产权。

莎士比亚曾经说过："生活里没有书籍，就好像没有阳光；智慧里没有书籍，就好像鸟儿没有翅膀。"阅读对人成长的影响是巨大的，"腹有诗书气自华"，一本好书往往能改变人的一生。人的精神发育史，应该是他本人的阅读史；而一个民族的精神境界，在很大程度上取决于全民族的阅读水平。中华民族之所以成为礼仪之邦、文明古国，一个重要原因，在于我们是一个热爱学习、勤奋读书的民族，今天，建设创新型国家和学习型社会的时代任务，比以往任何时候都需要营造一个书香浓郁的社会，阅读作为推进社会发展的力量是不可取代的。

作为教育工作者，肩负着教书育人的重任，更加离不开书的滋养，就像花朵离不开阳光的呵护，草儿离不开雨露的滋润。热爱读书的教师，才能有效地教书；热爱读书的教师，才能更好地育人。在大力推进教育改革创新的今天，只有潜心读书，才能保持我们的思想之树常青，才能担当起时代赋予我们的使命。作为园长的我们，就更加要多读书、读好书了！

下面我就先起个头，来给大家做一下《幼儿园园长专业标准解读》这本书的读书分享吧！这本书共有七章，内容分别是《办学理念》《规划幼儿园发展》《营造育人文化》《领导保育教育》《引领教师发展》《优化内部管理》《调适外部环境》。除了第一章《办学理念》以外，后面的六章内容说的其实就是我们作为园长要具备的六种能力，这六章都是从专业理念解读、专业知识解读、专业能力解读这三个维度来进行阐述的。

读完这本书后，根据幼儿园园长专业标准的内容，我觉得园长要从以下几个方面去要求自己并做好相关工作。

一、要增强自身的责任感和使命感

（一）要为儿童的终身发展负责

幼儿教育的实施为个人奠定终身发展的基础，我们的工作是要为儿童的终身发展负责的，我们要肩负起这份重大的责任。

（二）要提升自己的领导力和执行力

幼儿园园长的领导力就是园长带领幼儿园的广大教职工为了共同的愿景不断努力奋斗的过程中所体现出来的能力、魅力等多方面的力量的聚合。园长的执行力就体现在让广大教职工做到知行合一，园长要通过领导力的发挥，把整个幼儿园发展的愿景和目标贯彻到每个教职工行动中去，改变他们的心理和行为，实现领导的效能。领导力与执行力是相辅相成的关系，作为幼儿园的园长，只有不断提升自己的领导力和执行力，才能带领自己的团队不断发展。

（三）要增强自身的自我发展能力

自我发展能力即自觉依靠自身、外界个人或组织促进自己发展的能力。园长的自我发展能力在于时刻体察和反思自己在管理中的优势和不足；园长的自我发展能力能够帮助园长提升自己的修养，进而影响幼儿园的文化氛围，影响幼儿园的文化变迁。园长的能力直接关系着幼儿园的质量和发展，只有园长自身不断进步、与时俱进，幼儿园才能不断发展。因此，作为幼儿园的领航者，要不断增强自身的自我发展能力，充分发挥和追求自身生命价值的体现，更好地引领幼儿园的发展。

二、要充分发挥发展规划的实践价值

一要修改完善发展规划；二要制订科学的可操作的阶段性计划；三要把计划变为行动。写下规划，并不意味着规划工作就结束了，有效的规划还必须考虑自身的实施，考虑取得的或者未取得的进展，考虑出现了哪些意想不到的障碍，以及怎样克服这些障碍。有了科学决策，做出了幼儿园发展规划，还需要园长落实执行，否则，发展规划就只是一纸空文。这就需要园长能够制订出科学的有可操作性的阶段性的计划，将发展规划细化成幼儿园的学年、学期工作计划，能够对各个教职工和职能部门提供帮助和建议，使幼儿园的每一位教职工都能够自觉地为共同的愿景的实现而不断努力。只有把计划变为行动发展规划，才能够发挥它的实践价值。

三、要创建浓郁的书香文化

（一）推荐经典，使阅读成为一种集体风尚

经典读物可以使教师更近、更快、更便捷地与一切先进的、优秀的理念、观点对话，能够更好地掌握与教育、与幼儿有关的思想精华、精神境界，从而提升教师的团体乃至整个幼儿园的文化境界，为幼儿营造良好的成长氛围。

（二）推行阅读，让阅读成为教师的生活内容

推行阅读，使阅读进入每位教师的教学工作和生活活动中，以阅读为乐，从阅读中汲取教学智慧和专业灵感，获得求知探索的满足感和充实感，从而让教师找到工作的自信和生活的快乐，使良好的学习氛围蔚然成风。

（三）布置环境，让阅读走进每个班级

在幼儿园创设阅读氛围，布置温馨的阅读书吧，在班级创建各种主题特色鲜明的阅读区，使阅读区成为班级环境的一大亮点，让阅读走进幼儿园的每个班级，幼儿可随时随地与书籍为伴，与各种阅读材料互动，置身良好的阅读环境中，时时受到阅读氛围的熏陶，从小喜欢翻书看书，学习阅读的方法，培养阅读的习惯和能力。

四、要深入班级指导保教活动

（一）经常深入"一线"

园长只有经常深入"一线"，才能掌握第一手材料，及时观察、了解和处理日常工作的一些重点问题，甚至是棘手的难点问题，不断提高保教工作的质量和效率，获得良好的办园效益。

（二）指导保教活动

在班级指导过程中，园长要认真倾听教师谈保教设计思想、教育教学感受，听取教师意见，与教师一起对保教活动进行评析。同时，肯定教师的进步，引导教师分析和发现自己的不足。为保证保教活动指导的严肃性、有效性，园长应把每次发现的突出表现及时记录下来，并据此开展有针对性的工作指导，还可以把发现的问题作为教研的内容。

（三）重视人文关怀

园长应带着欣赏和发现的眼光，悉心体察具体情况，欣赏和激励员工先进的教育行为。管理动机是积极的，更容易获得积极的效果。现代管理的理论与实践证明，无论管理的手段多么先进，都不能否定或者忽视对人的思想激励的重要作用；无论信息渠道多么迅速快捷，都不能代替人与人之间情感的沟通与交流；无论纪律多么严明、制度多么完善，都不能忽视人文关怀。

通过积极深入班级指导保教活动，可以及时进行信息反馈，与教师进行平等交流。园长不断地提高自身的素质和能力，采用科学的管理方法，才能赢得人心，使幼儿园保教工作获得长足的发展。

五、要勇于改革与创新

（一）园长要有教育研究意识，鼓励教师把日常的保教与研究结合起来，研究儿童、研究教育，使教师增加职业效能感和幸福感，克服职业倦怠，不断实现专业化成长。

（二）园长要积极推进保教改革，对教育教学改革具有深刻的认识和理解，更好地组织和领导幼儿园的保教改革，促进幼儿园保育和教育的不断发展。

（三）园长要抓住改革的机遇，沉下心来，认真研究本园的历史、文化和传统，充分分析本园教师队伍的现状，总结本园保教改革所面临的问题及原因，本着对幼儿园教师和孩子负责、对家庭和社会负责的崇高使命感，不断探索幼儿园保教质量提高的新途径、新方法，在幼儿园园长的岗位上不断实现自身的专业化成长。

六、要充分挖掘和利用社区教育资源

首先，需要熟悉社区内的各种具有价值的教育资源，并对这些教育资源的存在形式、分布状况进行实地调查了解。采用拍照、录像等手段，收集与资源相关的文字、图片和录像等信息。

其次，需要对社区内各种教育资源进行精心的筛选，确保所选用的教育资源适宜于幼儿园教育活动的开展。

最后，需要对社区筛选出来的资源进行合理、有效的开发，让社区的原始资源能够被赋予一定的课程形态和目标，使其隐形的教育价值能够化为显性的幼儿园课程的组成部分和实施条件。

社区可以利用的资源有很多，如超市、体育馆、菜市场、图书馆、商店、医院、消防队、敬老院、博物馆、派出所等，这些都可以为幼儿园的教育教学提供丰富的资源。

在今后的读书活动中，我们将会定期举行读书分享会，让各种思想在相互碰撞中擦出火花，从而达到取长补短、优势互补、资源共享的效果，形成一种良好的学习研讨的氛围。

朱永新说，一个没有阅读的学校永远不可能有真正的教育，我希望大家多读书、读好书，让读书成为我们每一个人的自觉行为。通过读书，与智者对话，与专家探讨，让自己的大脑充满思想者、智慧者的声音。只有这样，我们才会更加善于思考，我们的教育也才会更加智慧。让我们携起手来，把阅读进行到底。

我今天的分享只是开了个头，纯属抛砖引玉，希望在接下来的分享活动中，能够听到你们精彩的发言、独到的见解！让我们一起读书、一起分享、一起成长吧！谢谢！

2022 年 4 月 23 日

做一个善于倾听的幼儿教师

  2023年7月19—23日，我受邀到浙江缙云参加了中国县域学前教育高质量发展峰会暨第二届"健康校园·活力儿童"全国名园长·仙都论坛，并在论坛上做了关于"做一个善于倾听的幼儿教师"的分享。

  以下是我的分享内容。

尊敬的各位专家、亲爱的各位幼教同行：

  大家好！非常荣幸能够来到山清水秀、风光旖旎的浙江丽水缙云跟大家相聚！非常感谢主办方邀请我来参加这次的论坛活动，使我得以向大家学习！

  我来自广东茂名，虽然这是一座名不见经传的城市，但是我们这座城市既有山又有海，既有很多迷人的风光，也有很多诱人的美食，更有传承千年的荔枝。茂名还是被周恩来总理誉为"巾帼第一人"的洗太夫人的故里，"唯用一好心"精神恒久弥新。所以，这座城市很值得一去。在这里，我非常诚恳地邀请大家去我们广东茂名做客！

  今天，站在这么多大咖和来自全国各地的幼教同行面前做分享，让我有点忐忑，生怕自己讲不好。不过，我又安慰自己说，这是一次难得的学习机会，如果讲得不好，会有很多人给我指

交流分享

正。所以，今天恳请大家对我的分享多多包涵、多多批评指正，谢谢！

我今天分享的主题是：做一个善于倾听的幼儿教师。我将从四个方面来跟大家一起进行交流：倾听的内涵与价值、名师的倾听之道、幼儿园教师的倾听、案例分享。

倾听花开，可以读懂花儿的心思；倾听溪水，可以读懂山林的呼吸；倾听孩子，可以走进孩子的心灵，读懂孩子的内心世界。可以说，倾听是一件非常美好而又有意义的事情。

今年5月20日至6月20日是第十二个全国学前教育宣传月。本次宣传月的主题是"倾听儿童，相伴成长"，旨在聚焦幼儿园保教实践过程，宣传展示基层幼儿园教师坚持以幼儿为本，在日常保教工作中倾听理解幼儿、有效支持幼儿学习发展，引导幼儿园将持续观察了解幼儿作为转变教师观念、促进教师专业成长的重要抓手，不断提高广大教师的保教实践能力，形成真正理解、尊重和支持幼儿的良好氛围，促进幼儿健康成长。

教育部明确提出本次宣传月的宣传重点有三：一是如何发现幼儿在游戏和生活中进行的有意义的学习；二是怎样回应、支持和拓展幼儿的学习；三是结合实际，分享深入观察了解幼儿对改进保育教育的实践，促进教师专业成长的真情实感。

既然倾听如此重要，那么，到底什么是倾听呢？

一、倾听的内涵与价值

（一）倾听的概念

狭义的倾听指凭借听觉器官接受言语信息，进而通过思维活动达到认知、理解的全过程；广义的倾听包括通过文字交流等方式获取信息。

幼儿教师的倾听指在幼儿园教育活动中，教师以真诚的态度认真听取儿童的各种表达（言语表达和非言语表达），在尊重和理解儿童的过程中，对儿童表达的各种想法或疑惑做出及时且恰当反馈的过程。倾听不仅是教师用耳在听，更是教师用心在倾听儿童、理解儿童。倾听促进教师与儿童心灵的沟通，使教师与儿童得以共同成长。

（二）倾听的价值

教育部把学前教育宣传月的主题定为"倾听儿童，相伴成长"，可见我们国家已经把对"倾听儿童"的重视提到了一个很高的高度。那么，到底倾听有什么价值呢？

苏霍姆林斯基说过："教育艺术的基础在于教师能够在多种程度上理解和感觉到学生的内心世界。"教师倾听的根本目的是倾听生命和呼应生命。倾听是教师尊重学生的重要体现，是了解学生的主要途径，是实现师生对话的前提。在当今的教育教学实践中，我们有些教师缺乏主动倾听的意识，表现出来的现状也是多种多样。我们要认识到主动倾听的价值不仅是教师的道德责任，更重要的是在我们的对话教学中体现出的平等、尊重、交流，是生命与生命的呼应和交融。因此我们要做一个主动的倾听者，学会如何倾听。倾听的价值在于：

1. 尊重生命个体。我们的孩子是真正意义上的人，具有独立的存在价值，我们的教育不能把他们当作"一块白板"或"一张白纸"而随心所欲在上面画上什么图画，而应顺其势而引导之、培养之。只要我们去耐心倾听，也就成功了一半。反之，不善于倾听，甚至拒绝倾听，就会失去了解学生的机会，失去教育教学的前提和根基，教育就会变得虚无缥缈，成为无的放矢的无意义行为。我们完全可以这么认为：倾听是对儿童观的把握，是对学生生命个体的尊重，是对教育教学要义的领悟。

2. 走向对话教育。所谓对话，不仅仅是对话者双方的言谈，更是指双方内心世界的敞开，是对对方的真诚的倾听和接纳，在相互接受和倾听过程中实现智慧的共享和情感的交融。由此可见，对话教学，应该是指师生基于相互尊重、信任和平等的立场，通过言谈和倾听而进行的双向沟通的教学方式。对话是从倾听开始的，倾听是对话的前奏，没有倾听就无法对话，也就无所谓教育，无所谓教学。

3. 折射教育品质。毋庸置疑，倾听首先是一种教育行为和教育方式。它不是教学的某一个环节，而是自始至终贯穿于教学的全过程。在某种意义上说，教学的过程就是倾听和探究的过程，而这个过程中又会折射出我们的教育品质，其一是尊重，其二是期待，其三是互动。

4. 凸显教师的智慧。倾听的核心是思考。我们经常在强调教师的教学机制，在努力创设我们的教学艺术，其实，倾听本身就是处理教育事件的艺术和智慧的源泉。缺乏思维的倾听，会使我们的教学机制无法成立，教学艺术也就失去了意义、失去了活力，最终使教学成为空壳。

二、名师的倾听之道

教育上的倾听是一个历史渊源古老的话题，早在两千多年前，我国儒家思想代表孔子就开创了世界上第一个基于倾听教育的学校。

（一）倾听艺术家——孔子

孔子的教育活动大多是在与学生的交谈和对话中进行的，所以孔子非常善于观察和倾听学生的言行，从而在针对性的回应中对学生予以引导和启发。

孔子的倾听本领至少表现在三个方面：第一大本领，听出教学内容；第二大本领，听出弦外之音；第三大本领，听出学生的个性。

孔子的教育故事：

子路问孔子："听到了就行动起来吗?"孔子回答说："有父兄在，怎么能听到就行动起来呢?"冉有问孔子："听到了就行动起来吗?"孔子回答说："听到了就行动起来。"在旁边的公西华有些糊涂了，就问孔子："仲由（子路）问：'听到了就行动起来吗?'您回答的是'父兄健在（就不应该立刻行动）'，而冉有问同样的问题时，您却回答'听到了就行动起来'，我被弄糊涂了。敢再请问下您。"孔子说："冉有总是退缩，所以我鼓励他（多行动）；而仲由好勇过人，所以我要约束他（不要冲动行事）。"

（二）"产婆式倾听"——苏格拉底

在古希腊时期，尽管欧洲生成了丰富的教育思想和教育方法，对后世产生了重大影响，但其基本导向却是强调学生对家长和教育者等从下到上的听讲与服从。当时的宗教和政治氛围推崇权威，尚未注意到倾听的重要性。在这样的氛围里，苏格拉底却是特殊的另类，他是那个年代难得一见的注重倾听的教育家。苏格拉底以其著名的"产婆术"闻名。

"产婆式倾听"有三个技巧：

1. 不预先把自己的观点强加或硬塞给对方，而是在提问、倾听、追问或反击的对话中，让对方逐渐理解并认同自己的观点。

2. 先尽可能通过提问使对方敞开或敞现起初或原初的想法，而不是刻意排斥或压制对方，这一步非常重要和关键。

3. 通过举例子来让对方反思和评价原先的观点，以实现自我觉醒、自我认知和自我改变。很多时候举具体的例子比讲抽象的大道理更有效。

(三) 苏霍姆林斯基的眼神

苏霍姆林斯基有一张这样的照片：照片中的他，与一个学生相对而视，他的目光真诚、自然，散发着只有真正热爱学生、把学生放在内心的教师的目光中才有的光芒，它并不耀眼，但却有着温暖的坚定、温和的执着和温柔的力量……这是只有教育者才会拥有的眼神，它具有教育的力量，混合着父爱的慈祥与严厉，以及母爱的柔和和坚定。这样的眼神或许在不同的教育者那里会有更加丰富细微的具体表现，但无一例外地具备一个共同的特征：倾听的姿态——异常专注的倾听，内含着无限的关注与期待……

苏霍姆林斯基向所有的教师，特别是青年教师提出了三条建议：

第一，通过集体的力量影响个人。

教师要把自身变成一个好朋友与好参谋，加入学生的集体谈话中，使学生把心中的任何秘密告诉教师，得到教师的支持与帮助，使师生之间的交谈与倾听充满精神上的亲切感和敏锐感。

第二，儿童的本性需要教师善于做一名"倾听者"。

学生为什么愿意把秘密告诉教师？最重要的前提，是教师展现了一种愿意倾听、认真倾听的姿态，并且也让学生充分感受到了教师作为倾听者的存在，由此才敞开自己的心门。

第三，培养用心灵倾听和感觉学生的能力。

苏霍姆林斯基可以从学生简单的一句话里，听出"抑郁、惊恐、忧愁、孤独感、痛苦、懊丧、不满、不安"，这是何等细腻的耳朵、何等敏锐的心灵。这样的心灵，是真正的教育者的心灵。

我们不妨通过学习名师的"倾听之道"，带着"倾听自信"

进入属于自己当下的真实具体的课堂，像名师那样倾听学生、回应学生和引导学生。

三、幼儿园教师的倾听

（一）幼儿园教师倾听的价值

倾听并不是简单地用耳朵听，而是需要从多元视角去看待幼儿的发展，整合多种感官去洞悉幼儿的活动：

1. 走入幼儿内心世界，利于个别化教育

马拉古奇说："孩子有一百种语言，一百双手，一百个念头，一百种思考方式。"

在教育教学的过程中，如若教师能够了解到幼儿内心感受或肢体表达的意义，并做出良好的回应，是很利于幼儿对教师进一步敞开心扉，更大胆地释放内心想法的，也利于教师进行个别化教育。

2. 提升师幼互动质量，构建良好的师幼关系

倾听是师幼互动的基础，良好的师幼互动质量和师幼关系是师幼共同成长的源动力。

权威的教师转变为幼儿的倾听者，主动走近幼儿心灵，体现出教师对于幼儿生命的尊重和接纳。这种师幼间的关爱，将为良好师幼关系的建立奠定坚实的基础和有力的保证。

3. 提高教师情境敏锐度，促进教师专业智慧生成

倾听、反思的过程能够帮助教师了解幼儿，同时在真实的环境中累积自身经验，提升自身的专业能力，建构和生成自身教学智慧。

（二）幼儿园教师倾听的困境

由于对象和环境的不断转变，在幼儿园教育教学活动中，经常会有老师不经意陷入以下问题：

1. 拒绝式倾听

拒绝式倾听主要表现为教师在进行教学活动时，大多只听取预设答案，而拒绝倾听"意料之外"的幼儿自身的想法。

2. 异化式倾听

具体表现为对部分幼儿的表达视而不见、充耳不闻，不顾幼儿是否真正理解，只回应部分幼儿或只进行选择性倾听，只采纳符合预期的表达。

3. 虚假式倾听

教师往往能够做出倾听的姿态，但在本质上却未真心投入，只是左耳进右耳出，"应付了事"式地进行倾听，造成倾听质量的下降。

（三）幼儿园教师倾听的伦理技巧

伦理的价值需要通过合乎伦理的方式去实现。这种伦理的方式就是伦理技巧。以下伦理技巧有利于教师更好地倾听，实现倾听的伦理价值。

1. 诚恳的倾听在于耐心听取幼儿的倾诉

"要真正地倾听，就应当抛弃所有偏见或至少将它放在一边。只要有接受的虚心；理解才非难事。然而不幸的是，多数人带着抗拒在听。"在倾听中，诚恳的态度至关重要。幼儿会在教师耐心的倾听中体会到教师的包容和关怀，也能激发倾诉的欲望。有一点要注意，幼儿倾诉时可能会涉及家庭和个人的隐私，教师有保守幼儿隐私的义务。

倾听中常会发生错听。错听是指"对于学生声音的内涵、方向和潜在意义，教师未能准确把握"。倾听之诚的表现之一是要避免错听。说话慢和词不达意正是幼儿的年龄特征。建议教师放慢自己的节奏，不要以自己的思考速度来衡量幼儿说话的速度，不要轻易打断幼儿的倾诉。如果对幼儿的倾诉不耐烦，那么说明教师不专业。教师只有耐心倾听，才能"读懂"幼儿。

2. 有效的倾听在于兼顾全体和个别幼儿

要保证倾听的有效性，需要尽可能倾听全体幼儿，吸收客观真实的信息。然而，在幼教实践中，教师常常貌似在仔细倾听全体幼儿，事实上真正关注的是那些与自己预设的答案相符的回答。一旦有幼儿说出期待的答案，教师会不吝夸奖。而对于那些与期待不符的回答，教师或不予回应，或费尽心思引导幼儿进入预设轨道。经常得不到教师回应的幼儿会损伤自尊心，而顺着教师意图回答问题的幼儿则可能形成"奴性性格"。因此，教师在倾听时要尽可能关注到全体幼儿，不能根据自己的需要有选择地倾听，避免沦为"伪倾听""无效倾听"。

要在倾听中兼顾全体和个别，主要涉及两方面的伦理技巧。一是要倾听到大多数幼儿的声音并给予回应。回应可以很简短。二是要特别留意个别"特殊"幼儿。这些"特殊"幼儿既包括语言、思维发展稍慢的幼儿，也包括心智发展较成熟的超常幼儿，还包括那些所谓的"坏孩子"，比如顽皮淘气的，时常有惊人之语的，等等。幼儿都希望得到教师的关注，教师要"眼观六路，耳听八方"。这是一种专业态度，也是一种伦理技巧。

3. 理解的倾听在于善用移情

"倾听的目的是要进入他人的知觉世界，而不是把他人嵌入自己的知觉世界。"移情就是要站在幼儿的角度去思考问题，设身处地理解幼儿的感受。幼儿的思维与情感与成人有较大差异，某些行为或者某些表达可能不被成人理解。这就要求教师要善用移情，理解地倾听幼儿。这既是教师理解幼儿的必要条件，又是一种重要的伦理技巧。

交流分享

善用移情，寻找与幼儿的共鸣，需要教师暂时抛掉自己的身份，站在幼儿的立场去揣摩、理解幼儿的倾诉，以幼儿的视角看待幼儿的处境。教师要抓住幼儿倾诉中的一些关键词，了解导致幼儿倾诉的原因等，从而给予适宜的回应，让幼儿感受到教师对其倾诉的重视，从而引发共鸣。

4. 专注的倾听在于积极、及时回应幼儿

对幼儿只问不答，只说不听，或听而不闻，均是对幼儿的敷衍。倾听是个过程，倾听的对象和内容是不断变化的。这需要教师在倾听时用心专注。这样才能捕捉到幼儿倾诉中的"关键处、潜台词、弦外音"，真正理解幼儿。

真正的倾听不仅是要听到，而且要积极回应。在某种程度上，幼儿对教师倾诉的目的在于获得教师的回应。教师积极、及时的回应是对幼儿的接纳与尊重，也表明了教师对幼儿的持续关注，是对幼儿倾诉的最好鼓励。人的发展具有阶段性特点，每一阶段都有其存在的独特价值。幼儿的思维与语言发展尚不成熟，很难在较短时间内把想表达的信息组织完整并表述清楚。当幼儿讲到关键处时，教师适时地给予回应，如肯定的眼神、适当的肢体动作、恰到好处的提示等，能促使幼儿更自如地倾诉。

5. 投入的倾听在于善用表情和肢体动作

"当倾听成为一种关心情愫和理智投入的态度的时候，它并不局限于'耳朵'或听觉，而是弥漫于人的整个身心。我们由此会拥有'倾听的眼睛''倾听的身体'。"与其他阶段的教育相比，幼儿园教师更有必要与幼儿进行表情和肢体动作的交流。

温和、鼓励的表情，合适的肢体动作，可以消除幼儿的紧张情绪，有利于幼儿与教师进行情感交流。善用表情和肢体动作，要求教师要正确识别幼儿的各种身体语言（如皱眉、低头、摇头等），以此来体察幼儿的内心。例如，在意识到幼儿有渴望交流的情绪时，教师投以关注的眼神；在幼儿断断续续表达时，教师轻轻点头以示鼓励；在幼儿胆怯时，教师给他一个温暖的拥抱；等等。肢体动作的参与可以拉近教师与幼儿的距离，有"此时无声胜有声"的效果。当然，教师的表情和肢体语言要让幼儿感受到教师投入倾听的诚意。

（四）倾听的"三态"

3至6岁的幼儿理解记忆水平不高，逻辑思维能力欠缺，语言表达能力有限，因此幼儿教师在与其沟通时要注意倾听，并调整倾听的姿态、神态和语态。

1. 调整姿态——消除幼儿的压抑感

由于幼儿个子小，教师在倾听幼儿讲话时要调整高度、距离和角度，以消除幼儿的压抑感。

首先，要调整好高度。可以降低教师的高度，使教师和幼儿的目光大体处于同一水平线上。通常可以采取教师蹲下来或坐下来而让幼儿站着的办法，这样可以避免教师居高临下给幼儿带来压抑感。

其次，要调整好与幼儿的距离。离幼儿太远，则指向性不明；离幼儿太近，会使幼儿产生面对面的压抑感。美国社会学家、人类学家爱德华·霍尔认为个人距离的近范围为46—76厘米，远范围为76—122厘米。实践表明，教师与幼儿间相距1米，既能保证听得清，又便于交流与互动。

再次，要调整好与幼儿的角度。角度的把握应注意两方面，一是避免正面面对幼儿，这样会使幼儿很紧张。正确的做法是身体侧转和幼儿保持45度左右的夹角，这样既便于听，又能用眼睛的余光关注幼儿的神态。二是避免身体直立，这样会显得很生硬，正确的做法是身体前倾15度左右。

2. 调整神态——增强幼儿的认同感

倾听不仅是听觉的交流和互动，还是视觉的碰撞和交融。

首先，教师要真诚地注视幼儿。教师注视幼儿可以起到两方面的作用，一是规范教师行为避免分心，二是对幼儿起到鼓励作用。当然，教师的注视不是死盯，而是要能够传递亲切、温柔的神情，使幼儿产生亲近感。

其次，教师的面部表情要丰富。倾听幼儿讲话时，教师要"清空自己"，把自己当成一个幼儿，忘我地进入幼儿的话语情境，相对夸张地响应幼儿的感知：或惊奇，或赞叹，或认同，或疑惑……

再次，教师的肢体语言要与幼儿互动。对幼儿的回答不时报以赞许的目光，或肯定地点头、竖起大拇指，以鼓励幼儿投入地进行交流。如果有其他幼儿干扰还要悄悄地制止，以保证幼儿的思路不被打断或搅乱。

3. 调整语态——保持沟通的流畅性

倾听是生理意义上的视觉感受，更是积极的有意识的心理活动。在听幼儿陈述的过程中，教师要适时、适当地给予回应和评价。

首先，教师要及时应答鼓励幼儿继续说。当然这种应答可以是语言，也可以是动作或表情。当幼儿表达卡壳时教师要学会等待，当然必要时可以给予适当提示。无论幼儿的想法听起来多么离奇可笑，甚至荒谬，都不要轻易打断、取笑他，而要进一步引发他思考。

其次，教师要学会用幼儿的语言与其交流。幼儿的语言具有口语化、简短化、夸张化的特点，有时带有明显的卡通和动画痕迹。如果教师能用幼儿的话语与其交流，容易引发幼儿的共鸣。

再次，教师与幼儿沟通时要注意用词、语速和语调。教师与幼儿交流要少用专业术语，少说长句，少体现逻辑关系。教师与幼儿交流语速要慢，要给幼儿留有足够的理解和思考时间。

四、案例分享

案例一
倾听儿童，相伴成长——一日生活中的倾听与陪伴

（一）看见儿童，发现美好

儿童有100种语言，每一种都值得被聆听和期待。童年有一千种色彩，每一种都应该被接纳和盛开。

孩子们在小溪边嬉水、钓小鱼，在涂鸦墙涂鸦，在研究万花筒，在画画，在小山坡与同伴玩躲猫猫，在沙池挖水渠，在走轮胎、玩狼来了的游戏、拼搭积木、走平衡木、走龟背、玩机器人、种植、玩体能大循环、折漂流小船，在玩各种自主游戏……一切都是那么美好，孩子们的世界，就是充满着欢乐和趣味的。作为老师，我们首先要看见幼儿，发现美好，带着一颗童心去看待孩子们的一切。

（二）陪伴儿童，关注成长

老师陪伴幼儿，一起在种植园种植和观察植物、在沙池玩沙、在游戏架草地里观察草地上的小昆虫、在科技馆探索、在操场玩体育游戏、在户外锻炼身体、在教室画画、游戏、唱歌、拥抱……我们陪伴孩子参与各种各样的活动，并在陪伴中用心倾听孩子们的心声，关注孩子们的真实需求，关注孩子们的健康成长。

我们紧紧抓住户外探索、区域游戏、集体活动等教育契机，多看多听多记孩子们的种种表现，抓住孩子们的关键经验，给予孩子们适宜的支持，引导孩子持续深入地探究。

(三) 倾听儿童，理解支持

幼儿在教室的建构区跟老师分享他的建构作品，教师对幼儿的表达进行一对一倾听记录。

幼儿在科技馆跟老师分享他的发现和思考，教师对幼儿的表达进行一对一倾听记录。

幼儿在教室里跟老师讲述他的听书会计划，教师对幼儿的表达进行一对一倾听记录。

幼儿在架空层建构区搭建作品，教师在活动现场观察幼儿的游戏，给予适时指导并耐心倾听孩子的表达。

幼儿在集体活动中与老师、同伴愉快互动，大胆表达。

幼儿在户外玩自主游戏，教师持续关注幼儿，给予适时适当的指导。

作为幼儿教师，要做幼儿的倾听者，常常倾听幼儿的真声音，发现幼儿的真兴趣，了解幼儿的真需求。只有以幼儿的视角去发现幼儿，走进幼儿的内心世界，才能让我们在教育教学中真正体现儿童本真，促进幼儿的发展。

彭嘉欣老师说：在日常生活中，我们通过与孩子们谈话，观察幼儿在游戏中的语言、动作表情等，在活动中用心倾听孩子，发现孩子们的世界，陪伴孩子探索游戏的奥秘。倾听能让我们与孩子有效沟通，作为老师我们要懂得观察，学会倾听，发现幼儿需要什么，及时给予相应的引导与帮助，每天努力地和孩子一起成长。

刘春艳老师说：作为教师，我们要善于倾听和观察。比如老师观察到一个孩子在建构区，总是玩不久就唰地一下推翻自己的作品时，就要去倾听孩子内心深处的想法。这样才能理解孩子行为背后的原因，并站在儿童的视角去尊重、理解、支持他们，从而促进孩子在原有的基础上不断发展。倾听是老师贴近孩子，心与心交流的开始。以平等的姿态与孩子对话，才更能走进孩子的世界和内心。

案例二
倾听儿童，相伴成长——"我们的阅读节"

幼儿园里有很多声音，有泉水在欢快跳跃的声音，有风儿在吹动树叶的声音，有鸟儿在高声歌唱的声音。世界上有千万种声音，不过我们认为，最美妙的是孩子们的声音。

来自孩子们的声音的故事有很多很多，在这个案例里说的是有关"我们的阅读节"的故事。

为了让孩子们从小养成爱读书、多读书、读好书的习惯，在每年的三四月份，我们都会举行为期一个月的阅读节活动，活动的内容丰富多彩。

为了使我们的阅读节活动更加贴近孩子们的心声，今年的阅读节，我们咨询了孩子们的意见。

（一）园长发出邀请

在活动开展前，我给各班孩子发出了音像邀请。

让孩子们一起来策划今年的阅读节。让他们说说，在阅读节里有什么愿望？想做什么？想邀请谁来参加活动？需要什么帮助？把这些想法告诉老师，让我们一起帮他们实现愿望！

（二）幼儿展开讨论

收到了我的邀请后，孩子们在晨谈时展开了讨论。

有些小朋友说自己讲故事很好听，想给幼儿园的小朋友讲故事；有些小朋友说想邀请自己的妈妈来给大家讲故事，因为她觉得自己的妈妈是世界上最会讲故事的人；有小朋友说要是可以在游戏架的草地上听故事，一定很棒；有小朋友说在表演区，总是他们自己在表演故事，要是老师们也可以为他们表演故事就好了。

（三）幼儿画画表征

很多小朋友都希望老师给他们表演故事，那他们想听什么故事，想哪位老师来表演，老师们在哪里表演，想邀请谁来看呢？孩子们将想到的画了下来，和老师分享他们的想法。老师一对一倾听，并用纸笔认真记录下来。

孩子们的想法是想在幼儿园的各个角落里看老师表演，举办一个户外听书会，那要怎么实现呢？

（四）幼儿制订计划

孩子们一起制订详细的计划，制订完后分享计划的内容，如需要准备的物品、可以找谁帮忙、怎么分工，等等。老师则在一边引导、倾听与记录。

（五）师幼开展活动

制订好计划以后，大家马上行动起来。有的幼儿画邀请函，有的幼儿打气球，有的幼儿制作展示架，有的幼儿发邀请函邀请老师或其他班幼儿，有的幼儿布置场地。

在这个过程中，老师们也根据孩子们的想法给予了各种帮助，并做好各种分工，分头去排练故事表演。

在老师和孩子们的辛苦筹备下，户外听书会终于开始啦！

（六）幼儿分享感受

户外听书会后，孩子们有很多收获。

他们用画去表述，并跟大家分享表征，表达自己的观后感。

除了户外听书会，我们还帮孩子们实现了爸爸妈妈讲故事、我来讲故事、参观图书馆等愿望。

孩子们用绘画、分享等方式表达他们内心的想法，老师们用心倾听孩子们的表达，尊重孩子们的想法，帮助孩子们实现愿望，陪伴孩子们健康成长。

五、结语

孩子的情感需要沟通，孩子的心灵需要呵护，当我们老师学会以平等、开放且耐心的态度去倾听孩子。那么，就一定能够帮助孩子更好地去探索、发现和成长。就让我们用心去倾听孩子的心声，用爱去滋润孩子的心灵，相伴孩子健康快乐成长吧！

2023 年 7 月 22 日

"1+2+2+7"研修模式驱动教师有效成长

——茂名市第二幼儿园校本研修经验分享

  2024年4月23日，我受邀在广东省教育厅指导、广东省中小学教师校本研修项目办公室主办的2024年广东省校本研修示范学校和培育学校学科首席专家专项培训（学前教育组）中，做了我园校本研修的经验分享。

  以下是我的分享内容。

尊敬的曾博士、张主任，亲爱的各位园长：

  大家下午好！下面由我代表我们幼儿园向大家汇报我们的校本研修活动情况。

  2021年以来，我园认真贯彻落实上级有关文件精神，紧扣幼儿园"以美善育人，育美善之人"的园本文化建设目标，结合幼儿园教师团队专业发展的实际情况，先后开展了一系列校本研修活动，扎实推动了教师的专业化成长，提高了幼儿园的保教质量。以下我从三个方面向大家进行汇报。

一、研修情况

（一）探索教研新模式，促进教研质量全面提升

  2021年以来，我们坚持理论学习和教学实践相结合，开展了各种研修活动（见下表）。

茂名市第二幼儿园近三年开展校本研修活动统计表

活动类型	主动承担省级重大活动次数	主动承担市级重大活动次数	开展园级校本研修活动次数	开展课题展示活动次数	自主聘任专家到园指导次数	受援园入园跟岗天数	每年入园指导受援园天数	教师外出学习培训人次累计
频次	2次	46次	约40次	28次	15次	≥4天	≥3天	184人次

从表格可以看出，我们开展的研修活动形式是多样的，内容是丰富的，次数也是非常多的！

为了使研修取得较好成效，2021年以来，我园开创了"1+2+2+7"研修模式。"1+2+2+7"中的"1"是指1个研修活动主题，第一个"2"是指两个主体，第二个"2"是指两种思路，"7"是指七方对话。

1. 坚持围绕主题和围绕中心开展研修

每次研修我们都强调抓好研修的内容与当前教育教学工作的深度融合。校本研修活动开展以来，我们多次紧紧围绕着幼儿园开展的自主游戏活动以及传统工艺坊园本课程的建构开展研修，集中突破教师"如何在自主游戏中开展观察记录""如何在生成课程中寻找有教育价值的点"等问题。主题聚焦，能帮助教师及时解决在教育教学当中遇到的各种问题，使研修活动行之有效。

2. 坚持研修管理团队和教师双主体推进

我们反思了以往教研中存在的"自上而下""被动参与"等问题，我们提出了研修模式中的第一个"2"。这个"2"是指两个主体：研修管理者+教师。管理者在研修中主要发挥导向作用，负责研修活动的开展，总结研修活动的结果。而教师在研修活动中，是产生问题的陈述者、提出建议的思考者、措施策略的实践者、经验总结的反思者等，是研修活动的主体。"双主体"的研修模式，使教师从被动的接受者向主动的思考者转化。

3. 坚持"讨论法"和"思考法"贯穿始终

为了充分发挥教师的主观能动性，我们逐步形成了通过"世界咖啡讨论法""六顶帽子思考法"这两种方式开展教研活动的模式。在我的带领下，我园的教师团队通过"世界咖啡"的模式，开展了"如何开展传统文化工艺坊课程""如何实现幼儿游戏自主"等多个主题的研讨，不仅凸显了教师研讨的主体地位，还创造了集体智慧，提高了研修的实效。

4. 坚持"七方对话"突破思维围墙

校本研修，探寻的是教育的本质以及未来走向，在这漫漫的过程中，我们提倡的不是一个人的闭门苦思，而是多维度的思想碰撞。因此，在校本研修过程中，我们倡导教师进行"与书籍对话、与现场对话、与同伴对话、与实践对话、与专业对话、与研究对话、与擂台对话"七方对话，通过不同维度的思想碰撞，突破自己的认知，不断提升思维水平及专业能力。

与书籍对话——自主研修。幼儿园每年根据教师的专业成长需要，为教师提供相关书籍，每周开展"美善读书会"，创设教师分享读书心得的平台，通过实质的书籍支持以及展示的平台，营造一种人人读书、人人分享的浓厚氛围，使与书籍对话成为一种习惯，以此不断促进教师理论水平的提高。

与现场对话——跟岗研修。自从2023年以来，我园组织教师到浙江湖州及广东的深圳、东莞、湛江等地的名园跟岗学习，使大家在"走听看想"中领略名园风采，向优秀的同行学习，拓展思路，提高教师专业水平。

与同伴对话——小组研修。根据研修需要，进行分学科小组、分年级小组或以工作室分组进行小组研修，创设各种同伴沟通交流的平台，寻求共性问题，结伴成长。

与实践对话——岗位研修。针对教育教学中的实际问题，通过"问题—研讨—实践—反思"的闭环开展研修，教师将理念融入实践中，再对实践进行反思总结，用理论指导实践，也用实践检验理论。

与专业对话——理论研修。围绕教师专业标准能力模板，对教师自身成长、教育教学中急需解决的问题等，通过专家讲座、案例分享等形式开展研修，提升教师专业理论水平。

与研究对话——课题研修。通过课题研究，深化"一师一题"，鼓励骨干教师主持课题，年轻教师参与课题，使人人有课题、有研究，使教师在研究中促进个人专业成长，完成向研究型教师的转化。

与擂台对话——技能比赛。幼儿园创设"说课""课例""游戏案例""论文"等竞赛平台，通过各项技能比赛，以赛促教，促进教师专业能力的提升。

(二) 实施教研分层管理，建立教师成长梯队

目前我园教师团队逐步呈现年轻化的现象，入职三年以下的教师占50%，为了架好教师成长的梯队，加快青年教师的成长，提高教师团队的整体素养，我们从校本研修出发，制订了分层次研修方案。根据教师的成长路径，我们将教师团队分为新手教师（1—3年的教师）、青年教师（3—5年的教师）、骨干教师（5年以上具有示范引领作用的教师）。对不同层次的教师，我们在校本研修的具体内容、时长、方式上有不同的要求和导向。一是管

理新手教师的"规范"动作。制订了以新教师为对象的"树理念，立规范"专项培训方案，每周一上午对新教师进行集中培训，开展师德师风建设、幼儿园一日活动流程的实施等内容，帮助新教师更好地适应入职后工作。二是管理青年教师的"示范"动作。幼儿园结合工作室、跟岗接待等渠道，为青年教师创设展示平台，促进青年教师勇于承担示范任务，不断促进自身成长。三是管理骨干教师的"风范"动作。对骨干教师，幼儿园开展"青蓝工程"结对，通过传帮带、送教下乡、主持课题等形式，促进骨干教师进行各种深度研修，促进其专业素养的提升，形成个人职业成长的风格。

（三）发挥精准帮扶，构建研修共同体

为充分发挥校本研修示范学校的示范、辐射作用，我园对受援园实施了"入园诊断—精准把脉—对症下药—把脉复诊"的闭环工作思路。通过"带出去""深入园""送教送培""接待跟岗"等多种方式帮扶受援幼儿园和结对乡镇园，充分发挥了广东省中小学教师校本研修示范学校的示范引领作用，推动了周边乡镇幼儿园教学资源的优化和教师的专业化发展，同时也推进了我园教师团队的快速成长。

二、工作成效

（一）教师观念有突破

校本研修旨在促进教师的专业成长，最终助推幼儿园保教质量的提升。今年，我园开启了一场以"让游戏点亮儿童的生命"为理念的游戏革命，旨在把游戏的自主权还给幼儿，让幼儿在自主、自由的真游戏中，获得经验、形成想法、表达见解，使幼儿的潜能得到最大程度的发展。本学期我们将自主游戏研修纳为校本研修的重要内容，开展理论学习与专题教研，厘清"自主游戏"概念，进一步促使教师从思想上认识到游戏对于儿童发展和课程建设的重要性。

每周周二、周三下午我们还定期围绕自主游戏进行过程中存在的突出问题开展教研，迅速在园内掀起了自主游戏教研的学习研究氛围。

通过"一点点放手+一步步尝试"，逐步推进真游戏，教师的教育理念不断得到更新。一是放手游戏，发现儿童，改变儿童观。通过放手倾听儿童心声，通过心声发现儿童需要，从深化理解观念开始，重新认识游戏对于儿童的重要价值和意义。二是看懂游戏，理解儿童，改变教育观。以儿童为立场，对照《3—6岁儿童学习与发展指南》精神，根据游戏中的儿童的表现，不断提升教师游戏观察和指导的能力，教师越来越能看懂游戏，理解儿童，从而改变教育观。三是回应游戏，追随儿童，改变课程观。通过倾听了解幼儿游戏表征中的想法、需求、经验和水平，给予适宜的支持，关注幼儿纵向和横向的发展变化，鼓励、引导和吸纳幼儿参与游戏评价。

我们从承担安吉实验园之初到现在，才历时两个月的时间，但教师的"放手"程度让我感到惊讶！我想，这种放手并不是一夜之间发生的，教师今天的教育理念的转变，是以往无数次与同伴对话、与专家对话、与儿童对话等思想碰撞的沉淀与爆发，这是以往扎扎实实开展园本研修的果实，这也是我们开启一段新的研修之旅的一个非常美好的开端。

（二）幼儿行为有转变

在开展这场"让游戏点亮儿童的生命"的游戏革命中，教师做到了"闭上嘴，管住手，竖起耳，睁大眼"，做到了"最大程度地放手，最小程度地介入"，使得幼儿在游戏中真正做到了自由、自在、自主，短短两个月的时间，孩子们的各种能力得到快速发展：运动能力增强了；语言表达能力增强了；自我保护的能力增强了；合作交往的能力增强了；解决问题的能力增强了；绘画水平提高了；想象力和创新能力得到了充分发挥；反思力、专注力、探索力得到了很大的提升；养成了良好的收纳与整理的习惯；等等。总之，我们真正做到了让孩子在游戏中全面发展、在游戏中快乐成长。

（三）教师成长有实效

我园借广东省中小学教师校本研修示范学校项目创设之机，结合幼儿园的办园理念，制订了"修美善之师，育美善之人"的校本研修目标。经过管理团队的努力，围绕"1+2+2+7"教研模式，进一步细化"一科一策，一师一题"的教研目标，开展一系列教研活动。周周有固定教研时间，人人必参与教研研讨。2023年8月，我园开展了"亮班本特色，展传统风采""根植茂名本土文化构建主题特色课程""茂名市第二幼儿园青年教师大赛"等校本研修阶段性成果展示活动，逐步形成了"茂名版主题教学活动案例""传统文化工艺坊活动案例"等100多份成果，其中江辉、陈丽雅等5人的课题顺利结题，吴秋红获得广东省青年教师教学大赛学前教育总决赛一等奖，蔡颖诗获得茂名市未成年人教育工作者职业技能大赛一等奖，吴丹获得茂名市第二届美育教师教学基本功大赛一等奖和广东省第二届美育教师教学基本功大赛一等奖，陈洪樱等10多人的论文获得省、市级奖励，等等。教师的专业素养不断取得新突破，展现出善学、善思、善研的新气象。

三、亮点特色

（一）"七方对话"，把握校本研修本质

校本研修旨在探索教育的本质，促进教师专业成长。为突破校本研修的传统模式，提高校本研修的实效性，在校本研修过程中，我们秉持着"以人为本"的宗旨，通过多方对话，建立与教师、幼儿平等的关系，共同聆听教育教学过程中的真问题，发现教育教学过程中的真困难，解决教育教学过程中的真难题，从而真正达到提高教育教学质量的目标。开展校本研修以来，我们改变以往自上而下、"一言堂"等传统教研模式，将话语权还给一线老师，鼓励老师通过教学实践总结教学方法、丰富教育教学经验，不断提升专业能力，逐渐形成幼儿园教师团队善学、善研、善思的积极氛围。

（二）"3 正 5 特 8 室"，引领青年教师成长

我园现在拥有着一支高质量的师资团队，有 3 名幼儿园正高级教师，5 名广东省特级教师；三年间，曾承担 5 个省级名园长（教师）工作室、3 个市级名园长（教师）工作室的挂牌成立。幼儿园充分发挥省、市级工作室主持人及名师的示范引领作用，多次整合多方有效资源，积聚力量，聚焦教师专业成长，为广大学前教师搭建了成长的平台和机会。三年以来，幼儿园曾承担省级重大校本研修活动 2 次，承担市级开放式校本研修示范活动 46 次，通过专家讲座、课例研讨、名师示范、跟岗学习等形式，活动面对面教师受众累计达 4250 人次，走上市级交流研讨平台的年轻教师累计 100 多人次。各项研修活动为茂名市学前教师搭建了交流、研讨的平台，为众多教师创设了专业成长的平台，真正发挥了校本研修示范校的示范引领作用。

（三）个性化帮扶，助力提升共发展

我园对受援园实施了"入园诊断—精准把脉—对症下药—把脉复诊"的闭环工作思路，以入园诊断为突破口，每学期开展送教送培、请进园跟岗学习等活动。每学年开展每园不少于 3 天的

"手把手"式教研活动，示范校管理团队以参与者的角色下沉到受援园的常规教研活动中，指导受援园的教研活动，将教研的模式、经验进行分享，帮助受援园开展真正有效的教研活动，促进他们的教师真正成长。经过帮扶，使受援园从"无教研"的状态逐步向"形成教研常规"转变，受援园教师从"无方向"的状态逐步向"渴求专业成长"转变，形成了较浓的教研氛围。其中，受授园高州市分界镇中心幼儿园、茂名市茂南区公馆镇中心第二幼儿园在2023年12月我园开展"家长课堂"入园指导活动后，于2024年春季学期初陆续举行了新学期的家长课堂活动；高山镇中心幼儿园还在我们的支持下，2023年承担了一次面向全区的开放式教研活动，受众教师达300多人，发挥了区域联动作用，促进了片区学前教育教师的共同成长。

我园根据三个受援园的不同需求，制定了有针对性的入园指导活动，不同的送教活动解决了不同的具体问题，提供了更多的思路和方法，勉励受援园克服困难，帮助姐妹园实现真正的共同成长。

以上是我的汇报，如有做得不够的地方，请大家批评指正！
谢谢！

2024年4月23日

致辞集锦

在庆"六一"文艺表演上的致辞

尊敬的各位领导、各位家长,亲爱的各位老师、小朋友们:

大家下午好!

这两天,我们幼儿园都呈现出一派欢乐祥和的气氛,昨天下午和今天下午,我们都欢聚在一起,分两场举行庆"六一"文艺表演,庆祝孩子们的节日。此时此刻站在这里,我只想说两个词,一个是"感谢",一个是"祝愿"。

首先要感谢的是我们的领导。一直以来,我们的教育局领导和各个上级部门都非常关心和支持我们的工作,今天下午,教育局的基础教育科、直管科和市总工会宣教文体部的领导还亲临现场来指导我们的工作,在此,我谨代表幼儿园对他们致以深深的谢意!第二个要感谢的是我们的家长。一直以来,我们的广大家长都很支持配合我们的工作,这两天,还有几十名家长志愿者为我们义务维持现场秩序,在此我一并对各位家长对我们的鼎力相助致以衷心的感谢!第三个要感谢的是我们的老师和小朋友们,为了使孩子们在舞台上有出色的表现,老师们花了很多心思编导节目,流了很多汗水排练节目,而孩子们则认真积极参与排练,在此,我要为他们能给大家带来精彩的表演表示感谢!最后我还要感谢一位热心的社会人士,她是一位今年86岁高龄的老奶奶,名字叫邝惠华,她为我们的小朋友们捐赠了1000元,祝小朋友们节日快乐，在此，我代表幼儿园对这位老奶奶的热心相助致以崇高的敬意与诚挚的感谢！

最后说说第二个词——"祝愿"，一是祝愿文艺表演圆满成功！二是祝愿小朋友们节日快乐，健康成长！三是祝愿大朋友们工作顺利，合家欢乐！

亲爱的各位大小朋友，让我们一起来共享"六一"的快乐吧！

2016年5月31日

在首届读书节开幕式上的致辞

尊敬的各位家长，亲爱的各位老师、小朋友们：

大家下午好！

首先，我代表幼儿园对各位家长的光临表示热烈的欢迎和衷心的感谢！"阅读是开启孩子智慧的门，是打开孩子心灵的窗，是一个人精神成长的重要通道。"为了让孩子们从小爱上阅读，养成良好的阅读习惯，在世界读书日即将到来之际，我们幼儿园举行首届"读书节"活动。

也许有些人会感到奇怪，我们幼儿园近几年不是每年都搞读书活动吗？怎么今年是首届呢？其实，今年的活动跟往年的是不一样的。往年举行的是读书日活动，时间往往只有一天，最多也就一周。而今年举行的是读书节活动，时间有一个多月，内容十分丰富，分别有"经典唐诗诵读"活动、"大小朗读者"活动、绘本阅读分享、"爸爸妈妈讲故事"活动、"亲子童话剧"活动、"亲子自制书签"比赛、"我和爸妈逛书店"、跳蚤书市、小书虫爱读书评选、"父母学堂"讲座、"我与孩子共读书"家长征文比赛等。希望通过这一系列的活动，能够激发小朋友们阅读的兴趣，使其体验阅读的快乐，养成阅读的习惯。

这一个多月的活动过程，需要家长的大力支持与配合。为了引领孩子们终身爱书、读书，尊敬的各位家长，不管您有多忙，也请您抽出宝贵的时间陪孩子参与这些有意义的读书活动吧！

小朋友们，爱书吧，打开书，就像推开了一扇窗，让你可以看到更广阔的世界；读书吧，翻开一本好书，就像坐上了一台时光机，它会带着你回到过去、奔向未来，领略一切你未曾到过的世界，这是多么美妙的事情呀！就让书香浸润我们美好的童年，就让读书引领我们快乐成长吧！

最后，祝茂名市第二幼儿园首届读书节活动圆满成功！谢谢！

2017 年 4 月 22 日

在首届优秀家长表彰大会上的致辞

尊敬的各位家长，各位姐妹同行，亲爱的各位老师、小朋友们：
大家下午好！

首先，我代表幼儿园对出席我们今天家长表彰大会的各位家长和各位姐妹同行表示热烈的欢迎和衷心的感谢！

自去年召开第一次家长代表大会至今，虽然只有半年多的时间，但我们的家园工作却取得了丰硕的成果。在我们家委会七大部门部长的正确领导下，在各位家委会成员和广大家长的大力支持下，家长们积极协助幼儿园开展各项工作，为我们的孩子保驾护航，为我们的教育添砖加瓦，让我们的家园工作留下了多彩而又浓重的一笔，和我们一起共同谱写了二幼教育的新篇章。

在此过程中，涌现出了一批批表现突出的优秀家长，有一大批优秀家长义工、优秀家长助教、优秀家长宣传员；还有几乎每天早上都在幼儿园门口做义工的"最美家长义工"，以及几乎每次搞大型活动都在报刊上宣传报道的"最美家长宣传员"；更有在各部门出谋划策，带领家委会成员认真做好本部门工作的"杰出贡献者"。在此，我要诚挚地对你们说声"谢谢"！谢谢你们的大力支持！谢谢你们的鼎力相助！谢谢你们的爱心付出！但愿在以后的日子里，我们之间的家园之桥搭建得更加美丽、更加坚固,使我们的孩子更加健康茁壮地成长!

最后,祝优秀家长表彰大会圆满成功!祝大家身体健康!家庭幸福!谢谢!

2017 年 6 月 22 日

在重阳节庆祝活动上的致辞

尊敬的各位退休老前辈，尊敬的各位爷爷奶奶、外公外婆，亲爱的老师们、小朋友们：

大家早上好！

在这个秋风飒爽、果实飘香的金秋十月，我们又迎来了一年一度的重阳节。今天，我们把幼儿园的退休老职工和小朋友们的爷爷奶奶请到幼儿园来过节了，大家开心吗？让我们一起对各位老人说一声"重阳节快乐"！

孩子们，我们幼儿园已有三十多年的办园历史。三十多年前，我们幼儿园就是靠我们已经退休了的这些老爷爷和老奶奶创办的。三十多年来，正因为有我们这些退休了的老爷爷和老奶奶的辛苦奋斗，我们的幼儿园才能不断发展壮大。而你们的爷爷、奶奶、外公、外婆也非常辛苦，他们不仅辛勤地养育了你们的爸爸、妈妈，还为你们创造了今天的美好幸福生活。我们一定要以实际行动来感谢他们为我们所付出的一切，在重阳节的时候，向各位老人致以节日的问候和衷心的祝福；在平时，要帮老人做一些力所能及的小事，关心照顾他们，多为他们着想，把好吃的让给他们，把有趣的事告诉他们。让我们从每一件小事做起，从小学会敬老爱老。

"岁岁重阳,今又重阳。"在重阳节即将到来之际,让我们共同祝愿在座的各位老人和天下所有的老人都能健康长寿、笑口常开、阖家幸福!

2017 年 10 月 27 日

在第三届亲子健身徒步节开幕式上的致辞

尊敬的各位家长，亲爱的各位老师、小朋友们：

大家早上好！

在这个秋高气爽、微风吹拂的清晨，我们在小东江两岸举行茂名市第二幼儿园第三届亲子健身徒步节活动。首先，我对各位家长和小朋友们能积极参与我们的活动表示热烈的欢迎和衷心的感谢！

今年的徒步节还有一批特别嘉宾前来参与，他们就是今年7月份毕业，现在已经上小学一年级的哥哥姐姐和他们的爸爸妈妈，让我们以热烈的掌声欢迎他们！

小东江是唯一的一条茂名中心城区的茂名人心目中的母亲河。自从2015年举行首届亲子徒步节以来，我们见证了小东江日新月异的变化。市委市政府启动小东江生态整治项目后，通过"净化、美化、绿化、亮化"改造工程，如今的小东江已焕然一新，建成了集防洪、生态、景观、休闲于一体的十里景观带，成为广大市民休闲健身的好去处。今年在美丽的小东江十里景观带举行亲子徒步活动，既是一种享受也有着十分重大的意义。此活动可以促进亲子互动，增强孩子体质，增强孩子毅力。同时，还可让我们广大家长和小朋友们关注我们母亲河的变化，感受茂名城市的发展，助力我市落实"全民健身工程"，助力我市申办广东省运动会。

我们今年徒步的路线有两条，小班和中班的弟弟妹妹途经竹园桥、官渡桥，全程共有4.5公里；大班和大大班的哥哥姐姐途经高山桥、官渡桥，全程6.3公里，富有挑战性。我们在沿途设了11个爱心加油站，为孩子们加油鼓劲。坚持走到终点的小朋友，可以领取幼儿园颁发的"徒步小健将"荣誉证书。希望各位家长和小朋友互相鼓励，共同坚持，争取走完全程！在徒步的过程中，请大家在欣赏美景的同时，一定要注意安全，家长要看护好孩子，小朋友们要紧拉爸爸妈妈的手。

这次徒步活动得到家长委员会指挥部、安全部、活动部、义工部和宣传部的大力支持，在此一并表示衷心的感谢！

亲爱的各位家长、各位老师、各位小朋友，就让我们携起手来，一起走出健康，走出快乐，走深感情吧！谢谢！

2017 年 11 月 18 日

在主题教育实践活动启动仪式上的致辞

尊敬的各位家长，亲爱的各位老师、小朋友们：

大家早上好！

非常感谢各位家长一大早就准时来参加我们今天的主题教育实践活动启动仪式！

为了加强教育和引导小朋友们提高文明素养、养成良好的卫生习惯，实现"教育一个孩子，带动一个家庭，影响一个社区，文明整个社会"，辐射带动市民文明素质和城市文明程度的提升，我园积极响应市委市政府、市双创办、市教育局的号召，决定在全园开展"大手拉小手，文明齐步走"主题教育实践活动。这项活动，幼儿园是主阵地，小朋友们和家长是主角。活动时间为 2018 年 4 月至 12 月。活动的内容主要有：开展倡议书签名活动；开展"双创"宣传标语征集活动；开展系列"双创"知识普及宣传活动；开展文明交通劝导活动；开展校园周边清洁活动；开展志愿服务活动；开展文明卫生流动红旗评比活动；等等。

城市文明人人受益，文明创建人人有责。请家长们自觉遵守文明行为规范，树立良好榜样，纠正孩子们的不文明陋习，帮助和教育孩子们养成良好的文明习惯。请小朋友们认真学习践行文明规范，用自己的小手拉起爸爸妈妈、爷爷奶奶的大手，共同成为播撒文明的使者。

  尊敬的各位家长,亲爱的各位老师、小朋友们,让我们积极参与到这项活动中来,讲文明,改陋习,树新风,为我市创建全国文明城市、国家卫生城市贡献力量!谢谢!

2018 年 4 月 8 日

在第二届读书节闭幕式上的致辞

尊敬的刘书记，尊敬的广东石油化工学院各位老师，亲爱的各位家长、各位老师、小朋友们：

大家下午好！

首先，我代表幼儿园对大家的光临表示热烈的欢迎和衷心的感谢！在这个姹紫嫣红的四月天，我们举行的为期一个月的第二届"读书节"活动至此圆满闭幕。

在这一个多月的时间里，我们举行了丰富多彩的读书活动，这些活动使孩子们收获良多：阅读分享培养了孩子们的表达能力；"亲子童话剧"培养了孩子们的综合艺术素质；跳蚤书市使孩子们体验了买书卖书的乐趣；"小书虫爱读书"评选使孩子们养成了每天读书的好习惯；"小书虫擂台赛"使孩子们学会了深入理解绘本故事内容……通过这一系列的活动，小朋友们体验了阅读的快乐，激发了阅读的兴趣，养成了阅读的习惯。

在这一个月的活动中，家长们也付出了很多：积极参与"亲子童话剧"表演；积极参与家长讲座活动；积极参与助教活动；陪孩子买书卖书；陪孩子朗读；陪孩子看书；等等。当然，我们的老师在此过程中更是做了大量的工作，精心准备和开展好每一项活动。在此，我谨代表幼儿园对为这次读书节活动辛勤付出的各位家长、老师致以衷心的感谢！

虽然我们的读书节活动结束了，但是我们的读书活动将会永远延续下去。尊敬的各位家长，亲爱的各位老师、小朋友们，就让我们一直坚持读书，永远做个爱读书的人吧！

今天，我们还迎来了一批特别嘉宾，他们就是广东石油化工学院艺术系的老师们，他们将会与我们开启校园文化艺术合作之旅。他们都是艺术领域的专家和教授，有他们的引领和指导，我园的艺术教育将会开出更加灿烂的艺术之花。在此我谨代表幼儿园对他们的无私奉献致以崇高的敬意和深深的感谢！

最后，祝茂名市第二幼儿园第二届读书节闭幕式圆满成功！谢谢！

2018 年 4 月 27 日

在中秋亲子晚会上的致辞

尊敬的各位家长，亲爱的各位老师：

大家晚上好！

在这个风清月朗、暑热未退的晚上，我们欢聚在这里，共同迎接中秋节的来临。利用晚上的时间举行亲子活动，我们还是第一次，举行中秋节晚会，我们也是第一次，我们幼儿园的很多第一次都被我们在座的各位家长和孩子们遇上了，祝贺你们！

我们都知道，中秋的月最圆，中秋的月最明，中秋的月最美，所以，中秋节又被称为"团圆节"。在这个团圆节，一家人聚在一起，有讲不完的话、叙不完的情，所以，这是一个飘溢亲情、弥漫团圆的时节，也是感受亲情、释放亲情、增进亲情的时节，在这个美好的时节，就让我们像一个大家庭一样，一起来享受团圆带给我们的欢乐吧！

小朋友们，我们在享受欢乐的同时，也要表达我们的感恩之情，给父母一个微笑，递上一杯茶水，送上一口月饼，这是此时我们给予父母最好的回报。让我们都以一颗感恩的心来度过这个美好的夜晚吧！

中秋最美，美不过一颗感恩的心！中秋最美，美不过真心的祝福！在此，我代表幼儿园的全体教职员工祝大家中秋快乐！阖家幸福！谢谢！

2018 年 9 月 21 日

在第三届家长代表大会上的致辞

尊敬的各位专家、各位家长，亲爱的各位老师：

大家好！

今天下午，我们在这里举行茂名市第二幼儿园第三届家长代表大会。在此，我代表幼儿园的全体教职员工对各位专家和各位家长代表的光临表示热烈的欢迎和衷心的感谢！

2017年的11月14日，我们召开了第二届家长代表大会，到现在将近一年的时间。在这一年来，我们家委会成立的七个部门的成员在各位部长的带领下，认真履行各部门的职责，积极参与幼儿园的管理，为幼儿园出谋划策，带领广大家长做了大量的家园工作：指挥部的各个成员在朱会长的带领下，充分发挥了组织、统筹、协调职能，组织开展了大量的家园活动；活动部的各个成员在李部长的带领下，协助幼儿园开展好各种大型亲子活动，并策划、组织开展好各班的亲子活动和社会实践活动；学术部的各个成员在王部长的带领下，利用"父母学堂"这个平台，主讲专题知识讲座，组建家长助教团，开展家长助教活动；宣传部的各个成员在林部长的带领下，利用报纸、微信公众号、微信群等宣传媒体，宣传报道幼儿园开展的各种大型活动和各班组织的亲子活动；安全部的各个成员在陈部长的带领下，维护幼儿园的安全，协助幼儿园开展防暴、防拐等演练活动，每次开展大型活动时协助幼儿园维持现场秩序，保障活动顺利进行；义工部的各个成员在符部长的带领下，做好每天的家长护卫队义工活动，协助活动部做好每次大型活动的义工活动；文体部的各个成员在杨部长的带领下，排练各种亲子节目，参加幼儿园各种大型活动的演出活动。刚才的 PPT 也生动展现了我们家委会成员一年来所做过的工作的种种场面，让我们历历在目。

在上个学期的家长表彰大会上，我们家委会的很多成员都受到了表彰，在广大家长中起到了模范带头作用。大家的辛勤付出营造了良好的家园合作氛围，深化了家园共育工作，推动了幼儿园各项工作的良性发展，促进了孩子们的健康快乐成长。对于各位家委会成员对我园做出的努力与贡献，在此我代表幼儿园对大家致以崇高的敬意和深深的感谢！

今天，我们又成立了新一届家长委员会，在座的各位家长都是我们第三届家长委员会的成员。等会儿连任会长的朱会长也会代表家委会发言，希望我们的第三届家委会成员在朱会长的带领下，不断发扬以往的成绩，充分发挥自己的智慧和力量，进一步发挥各个部门的职能作用，各有分工又相互协作，各展所长又有机结合，共同把家委会的工作推向一个新的台阶。我园将会继续做好各项家园工作，为家长委员会工作提供必要的条件支持，保障家长委员会参与幼儿园的民主管理。并建立评价激励机制，对在家长委员会建设中成绩突出的集体和个人继续进行表彰鼓励。

为了进一步提高我园的家园共育水平，我园今年特别聘请了一批家庭教育指导专家和助教加入我们的家教指导团队。在此我代表幼儿园对各位专家和助教对我们工作的支持和无私的奉献致以衷心的感谢！在专家们的指导下，相信家长们的育儿观念会越来越先进，育儿方法会越来越科学，我们的家园合力会越来越强大。

亲爱的各位家长，我们之所以成立家长委员会，召开家长代表大会，聘请专家指导家庭教育工作，所做的这一切都是为了使我们的孩子更好地成长。就让我们携起手来，为孩子创造美好的明天而共同努力吧！

最后祝大家身体健康！工作顺利！家庭幸福！谢谢！

2018 年 11 月 2 日

在省工作室揭牌仪式上的致辞

尊敬的潘局长、周教授、徐教授，尊敬的各位领导、各位专家，亲爱的各位姐妹同行：

大家早上好！

在这个秋风送爽、天高云淡的美好季节，广东省吴木琴名园长工作室和广东省吕红青名教师工作室今天上午在这里揭牌，首先，请允许我代表两个工作室的全体成员对各位领导、各位专家的亲临指导和各位同行姐妹的热情捧场表示崇高的敬意和衷心的感谢！你们的到来，充分体现了对我们工作室莫大的支持与鼓舞，让我们深感荣幸的同时，也有了更大的动力去开展好工作室的各项工作。

广东省吴木琴名园长工作室将以"突出主体性，促进自主发展；突出合作性，促进共同发展；突出研究性，实现成果引领"为指导方针，以"闻着花香，沐着阳光，牵手体验多彩的世界"为理念，以实践中的问题为研究对象，通过"理论学习""专家引领""考察观摩""交流探讨""课题研究""个人自学"等形式培养学员，达到以"理"促素养、以"研"促专业、以"培"促提升、以"观"促改进、以"思"促发展，使学员最终成长为拥有一流的教育办园水平和管理领导能力、在本地区有一定影响力的园长，为推动我市幼儿园教师整体素质的提升、加快教师专业化成长、促进学前教育的均衡发展和城乡教育的协调发展贡献力量。

广东省吕红青名教师工作室在各位专家的指导下，在全体成员的不懈努力下，以具有"渴望成长的潜能意识"、具有"追求发展的学习意识"、具有"明确方向的目标意识"、具有"参省乎己的反思意识"、具有"尝试探究的创新意识"、具有"迈向精深的研究意识"为共同愿景，力求使本工作室成为茂名市幼儿园教学与研究的重要基地之一，成为茂名市幼儿园教师向往的研究场所之一，成为茂名市幼儿园教师合作互动的"学习共同体"和"发展共同体"，成为茂名市优秀幼儿园教师的"孵化器"。

广东省吴木琴名园长工作室、广东省吕红青名教师工作室在茂名市第二幼儿园正式挂牌，标志着茂名市第二幼儿园将会成为我市幼儿园园长、幼儿园教师专业发展的一个"辐射点"，在引领茂名地区的幼儿教育发展中发挥更大的作用，市二幼也一定会为茂名幼儿园教师的专业化发展及教科研整体水平的提高提供全力的支持。

我们坚信，在各位领导的关心下，在各位专家的指导下，在各位同行姐妹的支持下，在工作室全体人员的共同努力下，广东省吴木琴名园长工作室和广东省吕红青名教师工作室一定能够达成预期的目标，为茂名市乃至广东省的幼教事业做出应有的贡献。

谢谢！

2018 年 11 月 14 日

在教师节庆祝活动上的致辞

亲爱的各位老师：

在这丹桂飘香的九月，天空中飘溢着感恩收获的气息，我们也迎来了第 35 个教师节。在这幸福、温馨的时刻，我的脑海里更迭播放着一幕幕感人的画面：为了让每一名幼儿都得到长足的发展，多少教职工从晨曦到夜晚，从酷暑到严冬，辛勤耕耘，无怨无悔，尽心尽职；多少老师伏案苦读、潜心研究，为提高保教质量而倾力投入；多少教职工在工作中无论怎样繁忙，在生活中不管有多少烦恼，总是面带微笑地走进活动室！你们的种种表现都让我真切地感受到：我们市二幼的教职工是敬业、勤业、乐业、专业的。此时，我的千言万语汇成一句话：茂名市第二幼儿园因你们而精彩美丽！今天，在这样一个属于我们自己的节日里，我谨代表幼儿园并以我个人的名义向大家表示节日的问候和诚挚的谢意！

在大家的共同努力下，幼儿园取得一项又一项的成绩。在这个收获的季节里，让我们牢记《幼儿教师职业道德规范》，并做到以下几点：一是爱岗敬业、关爱学生；二是刻苦钻研、严谨笃学；三是勇于创新、奋发进取；四是淡泊名利、志存高远。让爱和责任永驻我们的心间，为了孩子们的健康茁壮成长，为了我们自身综合素质的不断提高而携手努力,共同谱写幼儿园更加灿烂美好的明天!

最后,祝大家节日快乐!身体健康!工作顺利!家庭幸福!

2019 年 9 月 10 日

在庆元旦文艺表演活动上的致辞

尊敬的各位家长，亲爱的各位老师、小朋友们：

大家好！

伴随着收获的喜悦，满怀着奋进的豪情，我们将迎来充满希望与期待的2020年。在这辞旧迎新的美好时刻，我谨代表茂名市第二幼儿园向所有的家长朋友、亲爱的小朋友们、全体教职工致以最真挚的新年问候。

2019年是收获的一年。回首一年来的工作，我们看到的是家长们积极参与幼儿园各项活动的快乐；看到的是老师们为了孩子的发展而辛勤付出的身影；看到的是孩子们在幼儿园不断成长而洋溢的幸福。这一切都使我们倍感欣慰和自豪。在此，我谨代表幼儿园对各位家长的支持与各位老师的付出致以衷心的感谢！

今天，我们的演播室格外喜庆，孩子们个个喜气洋洋，一张张笑脸、一阵阵歌声，都充满了幸福和快乐。让我们用愉快的心情、嘹亮的歌声、优美的舞姿，兴高采烈地迎接新年的到来。

在新的一年里，幼儿园将会创设更加优质的环境，开展更加深入的研究，举行更加丰富的活动，提供更加优质的教育，使孩子们更加健康快乐地成长。

最后，我衷心地祝愿大家在新的一年里身体健康，家庭幸福，万事如意！谢谢！

2019年12月30日

在"父母学堂"活动上的致辞

尊敬的李教授，亲爱的各位家长：

大家下午好！

首先我代表幼儿园对各位家长参加我们幼儿园的父母学堂活动表示热烈的欢迎。

今天，能够来到这里的，都是爱学习的家长，正因为你们爱学习，所以你们对孩子的爱就更加科学，我们的孩子也会更加幸福！

我们幼儿园也是本着"让幼儿幸福"的初心，用心准备了这次活动。为了让今天的讲座内容更有针对性，在讲座开始之前，我们面向全园家长开展了一次有关幼儿性教育的问卷调查，在回收的572份有效问卷结果中，我们看到了幼儿性教育在家长心中存在的普遍问题：觉得幼儿性教育非常有必要、非常迫切！但是不知性教育从何做起！

为了帮助大家解决这些困惑，我们非常幸运地邀请到了茂名市润之心理工作室的李志鸿老师来给我们指点迷津。相信在李老师的分享和专业指引下，我们会大有所获。现在，就让我们以热烈的掌声来表示我们对李教授的诚挚感谢！

幼儿性教育已经是一个不可回避的话题，甚至是一个生命健康成长的课题。希望家长们通过参加我们今天下午的"父母学堂"活动，能够科学认识幼儿性教育，更好地帮助小朋友们正确认识自己，保护自己。就让我们家园携手，共同为孩子的健康成长筑起坚实的保护墙吧！

　　谢谢！

2020 年 11 月 20 日

在茂名市首届幼教年会开幕式上的致辞

尊敬的郑教授、范老师，尊敬的李局长、各位领导，亲爱的各位来宾、各位同行姐妹：

大家早上好！

庚子初冬，繁花似锦，暖暖二幼，笑迎贵客。今天，茂名市首届幼教年会在这里盛大开幕，我谨代表承办方广东省吴木琴名园长工作室、广东省陈洪樱名教师工作室、广东省吕红青名教师工作室和茂名市教育学会学前教育专业委员会，对大家的光临表示热烈的欢迎和衷心的感谢！

在这洒满阳光的暖冬里，我们相聚在芬芳洋溢的茂名二幼，在这里开启智慧的盛宴，享受相遇带给我们的快乐，享受学习带给我们的幸福。为认真落实党的十九届五中全会提出的"建设高质量教育体系"的政策导向和重点要求，顺应"互联网+"时代的变革需求，积极推动学前教育事业的发展与融合，搭建与先进文化理念接轨的幼教行业交流、学习、分享、展示、合作的大平台，提升茂名地区幼儿园的办园水平，努力创建"人民满意的幼儿园"，我们今天在这里举办茂名市首届幼教年会。这是一场茂名幼教人与省内外幼教名专家、茂名名园长、茂名名教师的聚会，是一场我们本土真正意义的"幼教精英"的盛会，是学前教育的思想碰撞，同时也是一段肩负责任筑梦起航的旅程。

"文化润泽园所，游戏点亮童年。"这是我们这次年会的主题。文化是一个国家、一个民族的灵魂，文化兴国运兴，文化强民族强。在几千年的历史演进中，中华民族创造了熠熠生辉、光耀世界的中华文明，培育和发展了博大精深、历久弥新的中华文化，为中华民族生生不息、发展壮大提供了丰厚滋养。因此，以中华民族文化的精神润泽幼儿园，办有文化的幼教，促进教师专业发展和幼儿富有个性的健康发展，是我们的办学宗旨所在。游戏是孩子的天性，游戏是孩子心理健康的维生素。让孩子在游戏中学习，在快乐中成长，是所有幼教人的职责所在。

亲爱的各位幼教同仁，让我们回归最淳朴的教育，以教育的理想办有理想的教育，以教育的兴趣办有兴趣的教育，以教育的品位办有品位的教育，以教育的本真办有本真的教育，以教育的情怀办有情怀的教育，以教育的责任办有责任的教育，让幼儿园的教师享有教育的幸福，让幼儿园的孩子享有幸福的教育。

回首过去，我们豪情满怀；展望未来，我们信心倍增。园长们，老师们，儿童是家庭的希望、民族的未来，学前教育是一项致力于国家富强、民族复兴的光辉事业。对于我们幼教工作者，这是一个充满希望和光辉前景的时代，是一个奋发进取、再创辉煌的时代。面对着这个大变革的新时代，让我们"不忘初心，坚守信念，努力办人民满意的学前教育"，让我们共同携手，为了茂名的学前教育事业美好的明天，砥砺前行，共同奋斗！

最后，祝愿茂名市首届幼教年会圆满成功！祝大家学习愉快！谢谢！

2020 年 12 月 10 日

在家长沙龙活动上的致辞

尊敬的各位家长：

　　下午好！

　　在我们幼儿园的第六届家长代表大会结束后，在家委会学术部周丽部长带头的精心筹备下，我们幼儿园的家长沙龙活动终于在今天下午拉开了帷幕。首先，我代表幼儿园对大家积极来参加我们这次具有历史意义的家长沙龙活动表示热烈的欢迎和衷心的感谢！

　　"沙龙"一词是法语 Salon 的音译，原指法国上层人物住宅中的豪华会客厅。从 17 世纪开始，巴黎的名人（多半是名媛贵妇）常把客厅变成著名的社交场所。在那图书不普及、各种宣传工具也不发达的年代，沙龙具有很大的影响，是一个展现自己、扩大影响的极好舞台。沙龙的进出者，多为戏剧家、小说家、诗人、音乐家、画家、评论家、哲学家和政治家等，他们志趣相投，欢聚一堂，一边呷着饮料，欣赏着典雅的音乐，一边就共同感兴趣的各种问题抱膝长谈，无拘无束地在沙龙里从高谈阔论中汲取智慧，洞察人们的良知。后来沙龙渐渐被人们用来统称这种形式的聚会，并风靡欧美各国文化界，19 世纪是它的鼎盛时期。20 世纪的二三十年代，中国也曾有过一个著名沙龙，女主人就是今天人们还经常提起的林徽因，可见这种社交方式很早就传到了中国。现代沙龙延伸到会议方面，主要指规模较小、议题简要、非正式化的由行业内企业聚集在一起进行讨论的会议，一般备有酒水糖茶，或有歌舞表演的活动。

其实，以家长为对象的沙龙活动几年前我就想举行了，鉴于种种原因，一直未能如愿。今天，我们终于能够聚在一起，来开展一场家园交流的新活动，我感到很开心！我觉得沙龙这种宽松自由、可以畅所欲言的交流方式是一种很好的家长交流活动。平时我们在举行家长讲座或者家长课堂活动的过程当中，大部分时间是我们在讲，而家长在听。在这里面信息的主导者是我们，家长是在吸收我们想要表达的观点和想法，缺少了很多的互动和大家真实生活当中的一些难题怎么去解决、怎么能更好地落地的一些东西。而家长沙龙则刚好弥补了这些不足。在这个过程中，大家都是交流的主体，有充分的机会各抒己见，互相分享，互相碰撞，从而互相学习，共同提高。

今天是学术部周丽部长及中六班的老师带头举行的第一场家长沙龙活动，在学术部各个家委的牵头下，各班已经拟出了家长沙龙活动的主题。接下来，我们将会安排各班陆续举行。以后，在星期五的下午举行家长沙龙活动将会成为我们幼儿园的常态化家长学校活动。

希望大家通过参加我们的一系列家长沙龙活动，能够不断更新自己的育儿观念，丰富自己的育儿知识，优化自己的育儿行为，积累自己的育儿经验，根据孩子的身心发展特点和自家孩子的实际情况，更加科学地对孩子施以教育和影响，从而促进孩子更好地发展。

最后，祝今天的家长沙龙活动圆满成功！祝大家身体健康，家庭幸福！谢谢！

2021 年 12 月 10 日

在运动会开幕式上的致辞

亲爱的各位老师、小朋友们：

大家早上好！

在这个阳光明媚、风和日丽的冬日清晨，我们怀着愉悦的心情在这里聚会，迎接一年一度激动人心的小小运动会。首先，我代表幼儿园对精心筹备本次运动会的老师们表示诚挚的谢意，向全体小朋友们致以亲切的问候和良好的祝愿！

刚才，孩子们手持各种漂亮的道具，喊着响亮的口号，精神抖擞、充满自信地踏进运动场，孩子们精彩动人的入场仪式为我们美丽的校园增添了一道曼妙的风景。

我们大家都知道，我们是自己健康的第一责任人。而健康在于运动，孩子们正处在身体发育时期，更需要运动。运动会的开展不仅可以锻炼孩子们的身体，帮助孩子们抵抗疾病，还能有效地锻炼孩子们的意志力，培养孩子们的合作意识、竞争意识。希望孩子们认真参加每个比赛项目，发挥自己的最佳水平，赛出自己的最佳风采，充分展现团结进取、蓬勃向上的风貌，在赛场上做一个文明的运动员，在赛场下做一个文明的观众。

今年的运动会，场地比以前更加宽阔了，器械比以前更有创意了，项目比以前更有趣了，相信孩子们的表现将会比以前更加出色。期待孩子们的精彩表现!

最后,预祝全体运动员取得优异的成绩,祝运动会的举办圆满成功!

2022 年 12 月 16 日

在春季开学典礼上的致辞

尊敬的张科长、范科长、刘付老师,亲爱的各位老师、小朋友们:

大家新年好!

爆竹辞旧,春风送暖,跟随着春天的脚步,我们迎来了充满吉祥的兔年。在这个满载着喜悦和祝福的日子里,我们全体师生在此欢聚一堂,共同迎接新学期的开始,迎接孩子们新的成长。

首先,让我们以热烈的掌声对各位领导的莅临指导表示热烈的欢迎和衷心的感谢!借兔年的新春之际,我谨代表幼儿园诚挚地祝福各位大小朋友在身体上动如脱兔,在精神上扬眉吐气,在学习上突飞猛进,在工作上大展宏图!

今天早上,伴随着喧闹的鼓声,孩子们提着漂亮的灯笼,迈着矫健的步伐,欢天喜地地回到了阔别已久的美丽幼儿园。看着孩子们一张张灿烂的笑脸,听着孩子们一声声温暖的问候,我的心里盈满了幸福!亲爱的宝贝们,欢迎你们回到市二幼这个温暖的大家庭!

去年,在市教育局领导的大力支持下,在各位教职工的共同努力下,我们幼儿园的办园条件已经得到了很大的改善,现在我们已经拥有了非常优质的生活和学习环境。

新学期,新希望,新目标,新开始!

在新的一年里，希望老师们充分利用好我们的优质环境和各种设备设施，让孩子们参与更多的活动，获取更加丰富的经验，得到更加良好的发展。

在新的一年里，希望孩子们积极参加各种体育活动，做个更加健康的宝宝；积极参与各种学习活动，做个更加聪明的宝宝；自己的事情自己做，做个更加独立的宝宝；充分展现自己的才能，做个更加自信的宝宝；充分表达自己的内心，做个更加快乐的宝宝！

老师们，小朋友们，让我们携起手来，共同开启新学期的快乐之旅，再次相伴，共赴成长吧！谢谢！

2023 年 2 月 6 日

在"青蓝工程"结拜仪式上的致辞

亲爱的老师们：

大家下午好！

抓教师队伍建设，注重青年教师成长，一直是我园的工作重点之一。青年教师拜师活动，是提高新教师素质的需要，也是老教师自我发展的需要，是提升幼儿园内涵、打造幼儿园品牌的需要。今天，我们在这里举行简单而又隆重的"青蓝工程"师徒结对拜师仪式，我代表幼儿园向一直以来为市二幼的发展做出贡献的教师们表示衷心的感谢；向 20 名青年教师荣幸地找到了自己工作上的师傅表示热烈的祝贺！这次活动的成功举行，将对我园的教育教学起到积极的促进作用，借此机会，我说说对开展此项活动的两点想法：

第一，大家要充分认识到开展青年教师拜师结对活动的重要意义。

目前我园教师队伍趋于年轻化，年轻队伍给幼儿园带来了蓬勃生机和无限活力，但是年轻教师经验的匮乏同时也会制约教师自身的成长和幼儿园工作的开展。这次开展青年教师拜师活动，是我园加强教师队伍建设、促进青年教师专业成长的重要举措之一，也是我园促进内涵发展的需要。

本次活动我们本着"学习、指导、交流、提高、超越"的原则，目的是为青年教师搭建向骨干教师学习的平台，使他们在经验丰富、业务精湛、师德高尚的教师的精心指导、帮助下，尽快成长起来。同时，通过教师之间的交流互动，促进全体教师更新知识，进一步营造浓郁的教研氛围，加快教师队伍整体素质的提高。我们确立这种友好的师徒帮扶关系，对于新教师迅速提高教育教学水平，达成"一年合格、两年成熟、三年成为骨干"的自我发展目标是很有必要的。

第二，要扎扎实实开展好师徒结对活动。

如何把这项工作做好，关键不在于形式，而在于行动，在于内容，在于活动过程的求真务实。在这项活动中，指导教师责任重大。传什么、帮什么、带什么，这是我们应该认真思考的问题。根据青年教师和教育教学实际的需要，一要带德，二要带才，三要带教，四要带研。

俗话说"天道酬勤"，作为青年教师，要老老实实做"徒弟"，认认真真学习，扎扎实实工作。要根据自己的实际需要有选择地去学习，要处理好继承与发展的关系，对指导教师的教学不能照搬照抄，要学会扬弃，在继承指导教师丰富教学经验的基础上，根据自己的条件创造性实施教育教学，逐步形成自己的教学思路，加快专业成长，成为名师、大家，做一名优秀的人民教师。

"好风凭借力，送我上青云"，我们相信，青年教师在师傅的指导下，一定会"青出于蓝胜于蓝"。作为师傅，要经常关注徒弟的成长，及时给予指导和帮助，同时也要不断完善自我，要有个人的成长规划，要有更高的奋斗目标，做到教学相长，师徒共进。三人行必有我师，教师之间的学习不仅限于师徒之间，关键是形成一种相互学习的氛围，学习内容是多维的，交流方式也是多种多样的，只要别人有长处我们就向他学习。

老师们，让我们共同在市二幼这块充满希望的教育园地里辛勤耕耘，用大家的智慧、心血和汗水，共同描绘市二幼更加美好的明天。

祝愿我们的"青蓝之路"越走越宽，"青蓝之花"越开越美！谢谢！

2023 年 2 月 21 日

在"五四"青年节庆祝活动上的致辞

亲爱的各位青年老师：

大家晚上好！

伴着情深意暖的夏韵，在花海绚丽夺目的五月，我们迎来了"五四"青年节。在此，我代表幼儿园向在座的各位青年伙伴们表达节日的祝福，希望你们在青春的岁月里点燃激情，放飞梦想！

104年前的今天，为了驱除黑暗，争取光明，为了祖国的独立和富强，一群意气风发的青年用热血和生命谱写了一曲最壮美的青春之歌，绘就了一幅最雄伟的青春图画。如今，五四运动作为光芒的一页，载入了中华民族的史册。然而，五四运动绝不仅仅是一件历史大事，它更是一种精神，一种宏大的五四运动的精神，在这种精神里，有着青年人关注国家命运的责任和使命，有着青年人振兴民族大业的赤胆与忠心。

104年来，爱国、进步、科学、民主的"五四"精神薪火相传，历久弥新，将"五四"铸成一枚勋章，戴在所有挺立时代潮头的中国青年的胸前。

如今，"五四"的火炬已经传到了我们青年人的手中，"五四"的精神需要我们青年人发扬光大。

借此机会，我向在座的各位青年朋友们提三点建议：

第一，要坚定理想信念。我们要树立正确的世界观、人生观和价值观，把"五四"精神与时代精神融合起来，切实增强社会责任感和历史使命感，为国家的复兴、社会的和谐、幼儿园的发展而努力奋斗。

第二，要力求成长成才。当代青年对五四运动的纪念，对"五四"先驱最好的告慰，就是要在党的领导下，以执着的信念、优良的品德、丰富的知识，勇敢地担负起历史的重任。我们要在加强理论知识学习的同时，注重学以致用，在教育实践中锻炼自己，提高自身的全面素质，尽快成为符合社会发展的高素质复合型人才。

第三，要勇于改革创新。青年人思维活跃，最具创新动力和潜能。我们要在教育教学实践中增强创新意识，提高创新能力，要敢想敢干，大胆探索，争做改革创新的先锋。要立足本职工作，顺应时代要求，始终以奋进开拓、永不言败的精神状态去创造新的业绩、成就新的事业。

青年朋友们，五四运动记载了青年奋斗的足迹，激励着青年前进的步伐，让我们凭着岁月赐给我们的年轻臂膀和满腔热情，擎起"五四"的火炬，携着希望起飞，与祖国共奋进，与幼儿园同发展，在人生道路上谱写出一曲曲壮丽的青春赞歌！

最后，再次祝大家节日快乐，万事如意！

2023 年 5 月 4 日

在毕业典礼上的致辞

尊敬的各位家长、亲爱的各位老师、小朋友们：

大家早上好！

"接天莲叶无穷碧，映日荷花别样红。"在这个骄阳似火、繁花似锦的六月，我们又迎来了一年一度的毕业季。今天，我们在这里欢聚一堂，隆重举行大班毕业典礼。首先，我代表幼儿园的全体老师向在座的各位小朋友表示最热烈的祝贺！祝贺你们愉快地度过了幼儿园的生活，即将成为一名光荣的小学生！今天，是一个令我们在场的每一位小朋友、每一位家长和每一位老师都难以忘怀的特殊日子，此时此刻站在这里，我心中百感交集。

孩子们，几年来，我已经习惯了每天早上听到你们甜甜的问候，看到你们灿烂的笑容，在我们已经结下深厚感情的今天，你们却要离开了，这叫人多么难以割舍呀！不过我深知，在每个人的一生当中，都是充满着各种离别的！而在孩子们的世界里，有很多离别都是蕴含着成长的。就如孩子们三年前离开爸爸妈妈的怀抱来到幼儿园时，虽然当时很多小朋友都因为舍不得爸爸妈妈而哇哇大哭，很多小朋友因为什么都不会而要老师帮忙，但是经过在幼儿园三年的学习与生活，现在，孩子们学会了自理生活、自主学习、自我保护，学会了画画、唱歌、跳舞、做游戏，还学会了讲故事、当小记者、做主持人、当礼仪小天使，孩子们学会了很多本领，还养成了各种良好的习惯。

孩子们，你们现在长大了，就像小鸟一样可以展翅高飞了，虽然对你们的离开有千般的不舍，但我还是衷心地祝愿你们在离开幼儿园后，不断有新的成长、新的飞跃，把在幼儿园学会的各种本领和养成的各种良好习惯带到学校去，做一个德智体美劳全面发展的好学生。

尊敬的各位家长，自从你们的孩子进入幼儿园后，你们充满热情地参加我们组织的每一次亲子活动，你们的积极参与，让我们的各项活动开展得有声有色；当我们需要帮忙的时候，你们充满爱心地伸出一双双援助的手。你们的大力支持，使我们的工作能够更加顺利地开展。几年来，你们的付出，让孩子们更加快乐地成长；你们的支持，让幼儿园更加快速地发展。在此，我代表幼儿园的全体教职工对你们致以深深的谢意！

再见了，我最亲爱的孩子们！我们会从心底里永远关爱你们，永远祝福你们，愿你们永远健康、快乐，早日成为祖国的栋梁之材！

再见了，我最尊敬的家长们！以后无论你们走到哪里，我们都会记得你们曾经给予我们的鼎力相助。祝你们身体健康、工作顺利、家庭幸福！

谢谢！

2023 年 6 月 30 日

在家园迎春联欢晚会上的致辞

尊敬的各位家委顾问，尊敬的各位家长，亲爱的各位老师：

大家晚上好！

乘着幸福的歌声，载着喜悦的欢笑，我们在这里欢聚一堂，举行茂名市第二幼儿园2024年家园迎春联欢晚会。首先，请允许我代表幼儿园对各位家长的光临表示热烈的欢迎和衷心的感谢！

时光荏苒，日月如梭！一晃眼，我们从第一次举行家园迎春联欢晚会至今已走过了7年。记得第一次举行我们的"春晚"时，整场晚会笑声不断、欢呼不停，现场气氛热闹非凡，令在场的所有人都觉得那是我们参加过的晚会当中最开心、最难以忘怀的！之后的每一场"春晚"都像一场狂欢会，给我们留下了很多美好的回忆。我们几位家委顾问就是我们"春晚"的亲历者和见证者，他们曾经在这个舞台上扮演过各种角色，他们也是带着对我们"春晚"的眷恋而来的！今年，我们得以重拾"春晚"，这可能会令很多人充满期待，也可能会令一些要上台表演的人紧张。不过，不管您现在是什么样的心情，我相信，今晚的晚会都会给您带来无限欢乐。就让我们一起来欢度这段美好的时光吧！

在不知不觉中，我们就告别了2023年，跨进了2024年。在这个跨年之初，让我们一起来回首过去、展望未来。在过去的一年里，我园非常重视做好家园共育工作，通过召开各种家长会、举行各类亲子活动、举办各种形式的家长课堂，利用各种方式进行家园沟通，利用各种媒体进行宣传教育，形成了强大的家园教育合力，促进了孩子的身心健康和谐发展。

在这一年里，我们幼儿园的全体教职工也不辜负各位家长的期望，大家都能尽职尽责、尽心尽力去做好自己的本职工作，使孩子们在幼儿园舒心地生活、快乐地学习、健康地成长。在大家的奋力拼搏下，幼儿园取得一系列的成绩：1名教师获国家级设计活动一等奖；1名教师获得广东省美育教师教学基本功比赛二等奖；6名教师获得广东省自制教玩具评选三等奖；39名教师的论文获得省级奖励；4名教师获得省级优秀指导老师称号；61名幼儿获得省级书画比赛奖项。这些成绩的取得，既离不开老师们的努力与拼搏，更离不开家长们的支持与配合。在此，我谨代表幼儿园对各位家长致以崇高的敬意和诚挚的感谢！

自从第八届家委会成立以来，我们目睹了在座的各位家长给予了我们很大的支持与帮助：在徒步节的时候，有你们帮忙摄影、撰稿、做"美篇"，在微信公众号上发布；在科技节的时候，有你们做义工的忙碌身影；在运动会的时候，有你们参与比赛的矫健身姿；在早上送孩子来园的时候，有你们为孩子保驾护航的高大身影……你们用自己的实际行动传递了大爱和无私的精神，给广大家长和孩子树立了良好的榜样。在此，我要对各位家长对我们的鼎力相助致以深深的谢意！但愿在未来的日子里，我们不忘初心、携手前行，共同谱写二幼更加美好的篇章！

亲爱的各位家长、各位老师，在新春佳节即将来临之际，我衷心地祝愿大家新春大吉、身体健康、家庭和美、万事如意！最后，祝联欢晚会圆满成功！谢谢！

2024年1月20日

在结营仪式上的致辞

尊敬的各位家长、各位教官，亲爱的各位老师、小朋友们：

大家下午好！

今天，我们在这里隆重举行茂名市第二幼儿园"小兵国防教育活动"结营仪式。首先，我代表幼儿园向在百忙中抽空来参加我们结营活动的各位家长表示热烈的欢迎！向辛勤承训的各位教官致以崇高的敬意！向全体参训的小朋友表示热烈的祝贺！

接下来，我要向大家表达我发自肺腑的感谢。首先要感谢各位教官，你们在训练中全心全意、无私奉献，既专业又认真，既严格又有爱，为孩子们树立了良好的榜样。其次要感谢各位老师，你们始终陪伴着小朋友们，增添了他们迎难而上、超越自我的信心和勇气，刚才从你们的表演中看到了你们"巾帼不让须眉"的精神士气，我为你们感到骄傲！最后要感谢各位小朋友，在这五天时间的训练里，你们不怕苦、不怕累，很坚强、很努力，虽然训练只有短短的几天，但是你们却在各方面取得了很大的进步。我为你们感到自豪！刚才，你们还给大家进行了精彩的表演，你们的良好表现，就是对教官、老师和父母最好的回报！

五天的国防教育活动带给了孩子们非同一般的体验和收获，我希望小朋友们把在这五天训练中从教官身上学到的好品质、好作风传承下去，在今后的学习和生活中继续发扬光大！

一段旅程的结束，是另一段旅程的开始。孩子们，虽然五天的国防教育训练就要结束了，可是你们自信、自立、自强的人生新征程才刚刚开始！希望你们在新的征途上，始终发扬军人雷厉风行的优良作风，勇于挑战困难，敢于面对挫折，始终积极向上，在党的阳光照耀下健康茁壮地成长！

最后，再次感谢各位家长的大力支持与各位教官的辛勤付出！谢谢！

2024 年 3 月 15 日

在建园 40 周年艺术周文艺会演上的致辞

尊敬的林局长、董主席、张局长、陈主任，尊敬的各位领导、各位嘉宾，亲爱的各位家长、老师、小朋友们：

大家早上好！

万木葱茏，生机勃发；凤凰花开，灼灼其华。在全党全国人民全面贯彻落实党的二十大精神、共同迎接中国共产党成立 103 周年之际，茂名市第二幼儿园迎来了建园 40 周年。为进一步推动我园艺术教育教学的改革和发展，弘扬中华优秀传统文化，展示幼儿艺术教育的成果，我园值建园 40 周年之际，举办"芳华四秩，美善相传"艺术周文艺会演及艺术展览活动。今天，我们相聚一堂，共同见证这美好而又难忘的时刻。在此，我谨代表幼儿园、代表全体教职工，向莅临我园参加本次活动的各位领导、各位嘉宾、各位家长表示最诚挚的欢迎和最衷心的感谢！

参天之木，必有其根；怀山之水，必有其源。1984 年，茂名市第二幼儿园从秀丽的新湖公园之畔出发，从创园之初的艰辛，到孜孜不倦的探索，再到欣欣向荣的发展，幼儿园从 5 个教学班发展到现在的 18 个教学班，先后增建了两栋教学楼，建设了运动场、大型游戏架、天鹅雕塑、艺术长廊等，校园环境常变常新。四十年薪火相传，四十年峥嵘逐梦。在市委市政府、市教育局和各级领导的关怀和指导下，在社会各界和家长们的关心和支持下,一代代新老二幼人同心育爱,童心育人,施美善教育,修美善之师,在传承中创新,在创新中前行,在前行中发展,如天鹅般志存高远,乐教善导,行美致远,在平凡的岗位上书写了不平凡的业绩,用自己的奋发进取奠定和铸就了今日二幼的荣光。1996年,我园成为首批广东省一级幼儿园,先后获得全国巾帼文明岗、广东省绿色幼儿园、广东省安全文明校园、广东省中小学教师校本研修示范学校、茂名市三八红旗集体、茂名市创建国家卫生城市先进单位等荣誉。师者匠心,至真至善。辛勤的二幼人,精耕细作,脱颖而出,现有正高级教师3名,广东省特级教师5名,茂名市名园长、名教师、名班主任8名,"四名"[名书记、名校(园)长、名教师、名班主任]工作室9个。

四十年始终不渝,四十年初心不改。多年来,我园始终坚持"以幼儿发展为本"的原则,形成了"以美善育人,育美善之人"的办园理念。我们以游戏为基本活动,尊重幼儿个体差异,关注幼儿学习与发展的整体性,构建中华优秀传统文化教育和体验式养成教育两大特色课程体系,通过结合幼儿的一日生活,创设多元体验场景,整合家校社资源,开展丰富多彩的活动,让幼儿在玩中学、做中学,培养与人为善、学善品高、行美致远的新时代好儿童,让一批批孩子如破土而出的嫩芽,汲取"美善"养分,向上生长;如跃跃试飞的小天鹅,嬉笑畅玩,相伴成长,展翅翱翔。

四十年春秋,征程如虹,感谢各级领导对市二幼的关怀;四十年洗礼,鹅羽渐丰,感谢社会各界对市二幼的支持;四十年坚守,华章再续,感谢所有家长对市二幼的信任;四十年耕耘,宏图又展,感谢全体职工对市二幼的奉献。

多年的风雨兼程,成就了市二幼的"美善"文化底蕴;多年的追求探索，激励着二幼人向更高的目标前行。过去未去，未来已来。在下一个十年、二十年、三十年、四十年，乃至更长的时间，我们将继往开来，"美善"相传，研精致思，思源致远，谱写市二幼更新更美的篇章！

最后，让我们共同祝愿茂名市第二幼儿园的明天更加美好！祝愿大家身体健康、家庭幸福、万事如意！

谢谢！

2024 年 6 月 16 日

发言选粹

在茂名市百家劳模和工匠人才创新工作室联盟成立仪式暨2022年劳模工匠迎春座谈会上的发言

尊敬的王书记、黄主任，尊敬的各位领导、各位劳模工匠：

大家早上好！

俯首金牛辞旧岁，欢腾瑞虎迎新春。在这辞旧迎新的美好时刻，非常感谢市总工会给我机会，让我在这里向各位领导和各位劳模工匠汇报工作。为此，我深感荣幸，备受鼓舞。

近年来，省、市总工会非常重视推进产业工人队伍建设改革，建立了一大批团队协作高效、创新业绩突出、聚焦人才培养、社会效益显著的劳模和工匠人才创新工作室，为我省、市经济社会高质量发展做出了积极贡献。在市总工会领导的关怀和指导下，我领衔的工作室也先后被遴选为茂名市、广东省劳模和工匠人才创新工作室。在此期间，黄奕奕副主任亲自率队来我园调研和指导工作，勉励我们要发挥工作室的示范引领作用，要以劳模和工匠精神提升幼儿教育水平。黄主任的激励使我们在工作上进一步增强了动力，增强了信心，坚定了方向。

在市委市政府、市总工会、市教育局的正确领导和大力支持下，吴木琴劳模和工匠人才创新工作室自成立以来，工作室成员积极发扬劳模和工匠精神，充分发挥个人能动性以及团队协同性，大胆探索，勇于创新，积极实践，一批批青年教师迅速成长，先后有5人被评为广东省特级教师，有7人被评为茂名市名校长、名教师和名班主任，有33人次被评为省、市、县级先进个人，有3人被遴选为广东省名教师工作室主持人，我个人也先后被遴选为广东省名园长工作室主持人、茂名市第九批市管优秀专家及拔尖人才。幼儿园被遴选为广东省中小学教师校本研修示范学校、广东省信息技术2.0试点校和茂名市优质学校改革创新工程种子学校，先后有4个课题分别获得省、市教育教学成果和创新成果奖一、二、三等奖。此外，工作室还充分发挥示范辐射作用，通过多种途径、多种平台在省、市各地对幼教同行进行示范带学，使10多万人次受惠。

工作室获评广东省吴木琴劳模和工匠人才创新工作室，作为领衔人，更觉肩上的责任重大。在接下来的日子里，我将会带领工作室成员以习近平新时代中国特色社会主义思想为指导，在市委市政府的坚强领导下，在市总工会、市教育局的正确指引下，大力弘扬劳模精神、劳动精神、工匠精神，紧紧围绕立德树人的目标，立足新发展阶段，贯彻新发展理念，构建新发展格局，努力在新征程上创造新业绩，展现新作为，为推动茂名幼教的高质量发展贡献自己最大的力量。"繁霜尽是心头血，洒向千峰秋叶丹。"就让我们以此作为共勉吧！

最后，祝各位领导、各位劳模工匠新春愉快，身体健康，工作顺利，家庭幸福！

谢谢！

2022年1月19日

在茂名市教育局党组理论学习中心组广东省第十三次党代会精神专题学习会上的发言

尊敬的林局长，尊敬的各位领导：

大家好！

能够参加市教育局党组理论学习中心组今晚的广东省第十三次党代会专题学习会，我深感荣幸！感谢各位领导给我这么难得的机会，让我可以近距离深入地向你们学习。

根据会议的安排，下面我向各位领导汇报一下参加广东省第十三次党代会的感想。我主要有三方面的感受。

一是深怀感激。能够有幸成为广东省第十三次党代会的代表，主要是因为林局长和在座的各位领导对我的高度信任、莫大肯定与大力支持，所以，不管是在会前、会中，还是会后，我都对林局长和各位领导怀着深深的感激。感谢你们给我提供了一次如此珍贵的学习机会！同时，我也会把大家对我的厚爱化为动力，今后竭尽全力去做好各项工作。

二是深受鼓舞。广东省第十三次党代会是在我们进入全面建设社会主义现代化国家新征程、豪情满怀迎接党的二十大胜利召开的重要时刻召开的一次重要会议，会议承载着全省人民的殷切期待，肩负着继往开来的重大使命。能够参加这个会议，在现场亲耳聆听报告，我深为感动，深受鼓舞。报告对广东过去五年的辉煌成就做了全面的总结，对未来五年的规划做了精心的谋划，对今后的发展确定了新目标、新思路、新战略，为我们描绘了一幅"广东赶超发展"的宏伟蓝图，求真务实、立意高远、催人奋进。报告中提到广东的生产总值连续33年居全国首位，作为广东人，让我感到骄傲。

三是深化落实。广东省第十三次党代会是在党的二十大胜利召开前夕、在广东改革发展关键阶段召开的一次十分重要的会议，充分体现了省委省政府贯彻落实习近平新时代中国特色社会主义思想和党中央决策部署的坚定意志，对我们在新征程中展现新担当、创造新业绩有重要指导意义。作为一名基层的党代表和幼教工作者，我要深刻领会省第十三次党代会精神的丰富内涵，增强贯彻落实的政治自觉、行动自觉，聚焦主业、联系实际，找准落实切入点、着力点，以新担当、新作为推动省党代会精神在幼教系统落地生效。所以，接下来我打算主要做好以下三方面的工作：

一要带好一支队伍。报告中提出，要"打造一支高素质的教师队伍"。我园有着一支团结协作、积极肯干、努力拼搏的团队，我们的老师当中共有4名广东省名园长、名教师工作室主持人，5名广东省特级教师，6名茂名市名校长、名教师和名班主任。去年，我们还被评为广东省劳模与工匠人才创新工作室，作为工作室的领衔人，我要带领他们大力弘扬劳动精神、劳模精神与工匠精神，锻造一个学习型、研究型、创新型的组织，把我们的团队培养得更专业、更优秀。

二要践行一个理念。我们的办园理念是"以美善育人，育美善之人"，我想从以下三个方面去践行好我们的办园理念：首先，创设美善的环境。近年来，市教育局领导给予了我们很大的支持与帮助，给我们安排了资金立项建设新教学楼、购买设备设施和改造旧教学楼，为孩子们的教育提供了良好的物质基础，我们要在这个基础上进一步打造物质与精神相融合的美善环境。其次，构建美善的课程。我们要充分挖掘周边的美善文化资源，使这些资源成为我们的活教材。与此同时，我们还要挖掘传统文化当中美的元素，将其融进我们的课程。报告中说到，要大力弘扬中华优秀传统文化，在这一段内容当中提到了很多要求，刚好也是我们近几年来在探索实践的。我们创设了17个传统文化体验馆，有刺绣坊、陶艺坊、扎染纺、青花纺等。我们的做法得到了很多幼教同行的高度赞誉，不过我觉得还要继续深化，同时要向李希书记在报告中要求的那样，要推进岭南文化活化利用，比如在我们的工艺坊中加强粤绣、陶艺、广彩、木雕、凉茶等非遗项目的活态传承，让中华优秀传统文化和岭南文化在孩子们的心中埋下种子。最后，培养美善的幼儿。这个是我们的最终目的，李希书记在报告中提出：要落实立德树人根本任务，坚持五育并举，促进孩子全面发展。我们的教育是通过一日生活的教学活动、生活活动、体育活动、游戏活动等环节，再加上我们经常举行的社会实践活动、亲子活动等来培养幼儿。我们要致力于在体育方面培养他们健美的体魄，在智育方面培养他们善学、善问、善讲、善做，在德育方面培养他们的善心、善言、善行，在美育方面培养他们学会欣赏美与表现美、创造美，从而促进他们的身心全面发展。

三要辐射一片区域。作为广东省名园长工作室主持人，我要充分利用好工作室这个平台，通过园所诊断、送教下乡、专题讲座、跟岗学习、外出培训、线上学习、线上研讨等方式去培养工作室的学员，从而提升他们的专业水平和管理能力，并通过他们去辐射带动周边的幼儿园发展，从而促进茂名甚至广东城乡学前教育的均衡发展。

总之，我要尽心尽力去发挥党代表的示范带头作用，为茂名的学前教育贡献自己最大的力量，力求在新征程中和广大幼教人一起精心培育更加灿烂的"祖国花朵"，为每个孩子以后的人生拥有出彩的机会而奠定良好的基础。

与此同时，我还要在本单位进一步掀起学习贯彻省第十三次党代会精神热潮，深入开展学习研讨、宣传宣讲等活动，深化"大学习、深调研、真落实"工作，持续推动学习贯彻不断走深走实，自觉把省第十三次党代会精神落实到工作各方面，优化发展路径，丰富工作抓手，全面激发改革动力活力，加快高质量发展步伐，以优异的成绩迎接党的二十大胜利召开。

我的汇报到此结束，如有讲得不对的地方，请各位领导批评指正！谢谢！

2022年6月30日

在茂名市 2023 年"全民终身学习活动周"开幕式上的发言

尊敬的各位领导、各位同行：

大家早上好！

在这个微风拂面、暖阳高照的冬日清晨，能来广东省茂名健康学院参加茂名市 2023 年"全民终身学习活动周"开幕式，我甚是高兴！能在开幕式上做"百姓学习之星"代表发言，我深感荣幸！非常感谢各位领导给予我如此珍贵的机会！今年活动周的主题是"让学习成为一种生活方式"，回想起自己几十年来的经历，只感到学习一直都伴随着我的生活，下面我向大家汇报一下我的学习情况。

一是在学历提升方面的学习。我在学校读书的时间只有 11 年，未能进大学深造成为我人生的一大遗憾。为了弥补这个遗憾，我在求学的漫漫长路上从未停歇。在参加工作之初，我便利用业余时间参加中山大学汉语言文学自学考试，分别取得了大专及本科文凭。2019 年我还参加了中国科学院儿童发展心理学硕士班学习，4 年来，一直坚持利用周末的时间到广州参加面授，通过了 20 多门科目的考试，其间还考取了心理咨询师证书。

二是在业务提升方面的学习。我在专业追求上永不满足，几十年来一直坚持学习，先后参加了全国和广东省园长高级研修班、广东省中小学"百千万人才培养工程"名园长研修班等培训班的学习，到全国各地的幼儿园、中小学和大学参观学习。孜孜不倦的学习，使我的业务水平不断提升，从而在工作中取得不少成绩：先后被遴选为广东省"百千万人才培养工程"名园长培养对象，省、市名园长工作室主持人，省、市劳模和工匠人才创新工作室领衔人；先后被评为广东省特级教师、广东省南粤优秀幼儿教师、茂名市名校长、茂名市"热爱儿童"先进个人、茂名市"三八红旗手"、市直学校优秀党支部书记、优秀共产党员等先进个人；主持的课题有两项分别荣获广东省中小学教育创新成果二等奖和三等奖；出版的专著有1部，编著有3部，主编的教材有1套；撰写的论文有多篇获得省、市级奖励及在国家、省、市级刊物上发表。

三是在兴趣爱好方面的学习。由于自己对艺术爱好广泛，但又觉得自己水平较低，因此，我在繁忙的工作之余，抽时间拜师学习了声乐、钢琴和书法。同时，我也是一个爱买书读书的人，工作30多年来，我从没间断过买书和阅读，如今，我家的藏书已近3000册。

四是发挥学习的示范引领作用。作为一名党支部书记，我结合"第一议题"学习制度及"三会一课""主题党日"等，带领市二幼全体党员及教职工每月开展集中学习，组织教职工每周举行"美善读书分享会"。作为一名园长，我在市二幼倡导师幼多读书、读好书，每年举办"读书节"活动，通过户外听书会、跳蚤书市、小书虫读书打卡、故事会、图书漂流、探寻图书馆等丰富多彩的活动，让每一个孩子都能尽享阅读的美好时光，用阅读点亮孩子的书香童年。

这么多年来，持续不断的学习虽然带给了我丰盈的内心、充实的生活和有效的工作，但是，"学然后知不足"，我常常感到越学自己不懂的东西越多！真是"书到用时方恨少"。所以，我认为：学习永远在路上！我将会做一个忠实的活到老学到老的终身学习践行者！

"问渠那得清如许，为有源头活水来。"就让这句古诗作为我们学习路上的共勉吧！

我的汇报到此结束，谢谢！

2023 年 11 月 28 日